孔子に学ぶ

「五常の教え」

吉原二郎
YOSHIHARA JIRO

幻冬舎 MC

目次

孔子《こうし》って誰《だれ》？

むかしむかし、中国《ちゅうごく》に、孔子《こうし》というりっぱな先生がいました。孔子《こうし》は人間《にんげん》にとって徳《とく》とは何かについて研究《けんきゅう》し、弟子《でし》たちと毎日《まいにち》のように議論《ぎろん》しながら、その研究《けんきゅう》を深めていました。孔子《こうし》は、その研究《けんきゅう》を深めるかたわら、中国《ちゅうごく》にあるさまざまな国に旅《たび》に出ました。そしてさまざまな国の政治家《せいじか》や有力者《ゆうりょくしゃ》らと会って、徳《とく》とは何かを教え、あるいは議論《ぎろん》し、平和《へいわ》な国を作るには、徳《とく》のある政治《せいじ》が必要《ひつよう》であることを訴えていました。今から二千五百年前のことです。

二千五百年前の孔子《こうし》が生きていた時代《じだい》は、戦争《せんそう》の絶《た》えない時代《じだい》でした。孔子《こうし》は、人々《ひとびと》が戦争《せんそう》ばかりの世《よ》の中で貧《まず》しさにあえぎながら、苦《くる》しい中で生活《せいかつ》している姿《すがた》を見て、武力《ぶりょく》や権力《けんりょく》ではなく、人徳《じんとく》によって国を治《おさ》めるべきだと考《かんが》えました。王様《おうさま》や、国の人々《ひとびと》すべてが、徳《とく》を身《み》につけることによって、世《よ》の中は平和《へいわ》になると信《しん》じていました。徳《とく》を身《み》につければ、人から尊敬《そんけい》され、慕《した》われて、誰《だれ》とでも仲良《なかよ》くなれる人柄《ひとがら》になる。そのような徳《とく》の身《み》についた人徳者《じんとくしゃ》は、思いやりがあって、正義感《せいぎかん》が

あり、礼儀正《れいぎただ》しくて、賢《かしこ》くて、人から信頼《しんらい》される。だから戦争《せんそう》や争《あらそ》いは起《お》こらない。人徳者《じんとくしゃ》は、必ず周囲《しゅうい》から必要《ひつよう》とされ、世《よ》の中のためになる仕事《しごと》を行い、みんなの役に立ち大事《だいじ》な仕事《しごと》を任《まか》されるようになる。孔子《こうし》はそう考《かんが》えました。ではいったいどうやって、そのような人徳者《じんとくしゃ》になれるのだろうか。孔子《こうし》は、くる日もくる日もそのことを考《かんが》え続《つづ》けました。そして、まずは、相手《あいて》を思いやる心を持つことだと悟《さと》りました。自分《じぶん》を生み育ててくれた両親《りょうしん》や兄弟《きょうだい》、お世話《せわ》になっている近所《きんじょ》の人たちや、一緒《いっしょ》に遊んでくれる友達を思いやること。そして困《こま》っている人や苦《くる》しんでいる人々《ひとびと》を助けること。

そのような思いやりの心を身《み》につけるには、人の痛《いた》みや苦《くる》しみを、自分《じぶん》の痛《いた》みや苦《くる》しみとして感じられる人になることが、人徳者《じんとくしゃ》への道《みち》だと考《かんが》えたのです。両親《りょうしん》や先生、兄弟《きょうだい》や友達、さらには草花や犬や猫など、一緒《いっしょ》に生きている人や自然《しぜん》を思いやる心をひとことでいうと、それは「仁《じん》」であると悟《さと》りました。孔子《こうし》は、みずからの生涯《しょうがい》をかけて、仁《じん》の道《みち》を究《きわ》めることを誓《ちか》いました。

仁《じん》の教えを広める

孔子《こうし》は弟子《でし》たちとともに、修行《しゅぎょう》の旅《たび》にでました。旅《たび》の目的《もくてき》は、さまざまな国を見てまわりながら、弟子《でし》たちとともに仁《じん》の道《みち》を究《きわ》め、その教えを広くさまざまな国に伝《つた》え広めることでした。さまざまな国を旅《たび》しながら、人々《ひとびと》が幸せに生活《せいかつ》しているかどうか、貧《まず》しい生活《せいかつ》を強《し》いられていないかどうか、戦争《せんそう》で苦《くる》しんでいないかどうかなどを注意深《ちゅういぶか》く見てまわりました。そして、人々《ひとびと》が貧《まず》しい生活《せいかつ》をしていたり、戦争《せんそう》で苦《くる》しんでいる国では、その国の王様《おうさま》と会って、人々《ひとびと》の苦《くる》しみを伝《つた》え、仁《じん》の心で思いやりをもって国を治《おさ》めることの大切《たいせつ》さを説《と》いてまわったのでした。

孔子《こうし》と弟子《でし》たちの一行《いっこう》は斉《さい》の国をおとずれました。町の人に聞くには、斉《さい》の国の王様《おうさま》は、家来《けらい》に反乱《はんらん》を起《お》こされて、王様《おうさま》としての地位《ちい》を奪《うば》われてしまい、権力《けんりょく》を失っ

ていました。また、王様《おうさま》は自分《じぶん》の家族を大切《たいせつ》にしないことでも有名《ゆうめい》で、子供の世話《せわ》をせず、遊び呆《ほう》けていて、妻に面倒《めんどう》ばかりかけていることは、町の人々《ひとびと》がみな知っていました。

その王様《おうさま》が、孔子《こうし》を呼んで聞きました。「国をしっかり治《おさ》めるには、どうしたらいいものか、ぜひ教えてほしい」

孔子《こうし》は王様《おうさま》だからといって気をつかうこともなく、嘘《うそ》や偽《いつわ》りのない、誠実《せいじつ》な気持ちで、きっぱりと言いました。「王様《おうさま》が遊び呆《ほう》けていたり、悪《わる》い行いをすれば、世《よ》の中の秩序《ちつじょ》は乱《みだ》れるに決まっています。王様《おうさま》は国を率《ひき》いる立場《たちば》として、王様《おうさま》らしく尊敬《そんけい》されるような人徳《じんとく》を持ち、人として正《ただ》しいことを行う必要《ひつよう》があります。同じように家来《けらい》も家来《けらい》としての立場《たちば》にふさわしい立派《りっぱ》な態度《たいど》が求められます。なぜなら、家来《けらい》たちこそが、王様《おうさま》の代わりとなって、人々《ひとびと》に接《せっ》するからです。人々《ひとびと》は、家来《けらい》たちの振《ふ》る舞《ま》いを見ているものです。家来《けらい》たちが人々《ひとびと》から尊敬《そんけい》されるような、道徳的《どうとくてき》に正《ただ》しい振《ふ》る舞《ま》いをすれば、人々《ひとびと》もそれを見習《みなら》って同じように振《ふ》る舞《ま》うものです。家庭の中でも、親は親らしく振《ふ》る舞《ま》い、子供に勉強を教えたり、礼儀作法《れいぎさほう》を教えたり、家の中をいつも清潔《せいけつ》に掃除《そうじ》し、整理整頓《せいりせいとん》して、子供から尊敬《そんけい》されるように努力《どりょく》しなければなりません。子は子として、そのような尊敬《そんけい》する両親《りょうしん》を見習《みなら》って、立派《りっぱ》な大人《おとな》になるように努力《どりょく》しなければなりません。それぞれが、それぞれの立場《たちば》で、謙虚《けんきょ》な気持ちで、人として、道徳的《どうとくてき》に正《ただ》しいことをすれば、国は正《ただ》しく治《おさ》められるはずなのです」

それを聞いた王様《おうさま》は、自分《じぶん》の振《ふ》る舞《ま》いや態度《たいど》を振《ふ》り返り、いたく反省《はんせい》しました。そして言いました。「まさしく孔子《こうし》の言う通《とお》りだ。それこそが真実《しんじつ》だな。王が王たるにふさわしい徳《とく》を発揮《はっき》することに努力《どりょく》せず、家来《けらい》が人々《ひとびと》から尊敬《そんけい》されるような正義《せいぎ》を実践《じっせん》せず、親が子供から尊敬《そんけい》されないような振《ふ》る舞《ま》いをし、子供が親を尊敬《そんけい》しないようになってしまうと、道徳《どうとく》が乱《みだ》れた世《よ》の中になるのは当然《とうぜん》のことだ。そのような、乱《みだ》れた国で、たとえ作物《さくもつ》がたくさんとれて食料《しょくりょう》に困《こま》らなかったとしても、王としては、心穏《こころおだ》やかに食事《しょくじ》ができるはずもない。今までなぜ気が付かなかったのだろう」

王様《おうさま》は、みずからの振《ふ》る舞《ま》いを大いに反省《はんせい》し、悔《く》い改《あらた》めることを約束《やくそく》したのでした。

自分《じぶん》の欲求《よっきゅう》に打ち勝つ

孔子《こうし》は生涯《しょうがい》を通じてたくさんの弟子《でし》がいました。その中でも、顔淵《がんえん》はとても優秀《ゆうしゅう》で、孔子《こうし》の一番《いちばん》の弟子《でし》と言われ、孔子《こうし》を生涯《しょうがい》の師匠《ししょう》と仰《あお》ぎ、心から尊敬《そんけい》していました。孔子《こうし》もまた、顔淵《がんえん》の人柄《ひとがら》や振《ふ》る舞《ま》いの中に、優《すぐ》れた理解力《りかいりょく》と才能《さいのう》を見出《みいだ》して、なみなみならぬ情熱《じょうねつ》と愛情《あいじょう》を注ぎ、我《わ》が子のように育てていました。孔子《こうし》は顔淵《がんえん》との対話《たいわ》が仁《じん》の心を究《きわ》めるための生活《せいかつ》の一部になっており、顔淵《がんえん》との対話《たいわ》を通じて、仁《じん》の心を深めることに喜《よろこ》びを見出《みいだ》していました。

ある時、顔淵《がんえん》は師匠《ししょう》に仁《じん》の心を身《み》につけるには、どうしたらいいかと聞きました。孔子《こうし》は顔淵《がんえん》に言いました。「まずは自分《じぶん》の欲求《よっきゅう》に打ち勝つことだ。人の欲求《よっきゅう》は無数《むすう》にある。あれが欲しい、これが欲しい。こうしたい、ああしたいと、人の心の中はつねに欲求《よっきゅう》だらけなのだ。仁《じん》の心はこの対極《たいきょく》にある。自分《じぶん》の利益《りえき》だけを考《かんが》えず、無欲《むよく》で謙虚《けんきょ》な気持ちに立ち戻《もど》ることで、そこから仁《じん》の心が芽生《めば》えていく。ひとたび仁《じん》の心が芽生《めば》え始めると、その人の周《まわ》りの人たちにも、その心が伝《つた》わり、ひいては世界中《せかいじゅう》のすべての人に仁《じん》の心は広まっていく。無欲《むよく》で謙虚《けんきょ》な気持ちに立ち戻《もど》るのは、誰《だれ》かに頼《たよ》ってできることではない。すべて自分《じぶん》の気持ち次第《しだい》だ。自分《じぶん》を律《りっ》し、謙虚《けんきょ》な姿勢《しせい》で礼儀礼節《れいぎれいせつ》を重《おも》んじ、それに反《はん》するような振《ふ》る舞《ま》いは、習慣《しゅうかん》として、できるだけ見ないようにし、聞かないようにする。そして、言わないようにし、行わないようにする。これが自分《じぶん》の欲《よく》を抑《おさ》え、謙虚《けんきょ》な姿勢《しせい》に立ち返《かえ》る秘訣《ひけつ》だ」

言葉よりも、まずは行うこと

孔子《こうし》の門下生《もんかせい》の中に、仲弓《ちゅうきゅう》という優《やさ》しい心を持った弟子《でし》がいました。仲弓《ちゅうきゅう》は弟子《でし》たちの中でも、思いやりの心があふれていると評判《ひょうばん》で、誰《だれ》からも一目《いちもく》おかれていました。ところが、人前《ひとまえ》に出ても多くをしゃべらず、とても口下手《くちべた》で有名《ゆうめい》でした。弟子《でし》たちの間でも、「仲弓《ちゅうきゅう》は仁《じん》の心を身《み》につけたすばらしい人徳者《じんとくしゃ》だと思うのだが、どうにも人前《ひとまえ》で話すのだけが下手《へた》で、もったいないところだ」と噂《うわさ》されていました。

孔子《こうし》はそのような弟子《でし》たちを諌《いさ》めて言いました。「人前《ひとまえ》で話すのが上手《じょうず》かどうかは、関係《かんけい》ないのだよ。人の表面《ひょうめん》だけを見てはいけない。話すのが上手《じょうず》すぎると、かえって憎《にく》まれたりするものだ。話が上手《じょうず》か下手《へた》かは、その人の徳《とく》とは関係《かんけい》ないし、むしろ話が上手《じょうず》で、言葉が巧《たく》みな人は、口先《くちさき》ばかりで仁《じん》の心が薄《うす》いものなのだよ」

それを隣《となり》で聞いた弟子《でし》の司馬牛《しばぎゅう》は、考《かんが》え込《こ》んでしまいました。「では徳《とく》のある人とは、いったいどういう人であるべきなのでしょうか」と師匠《ししょう》に聞きました。「軽《かる》はずみにしゃべらず、言葉を慎重《しんちょう》に選ぶ人です」と孔子《こうし》は答えました。司馬牛《しばぎゅう》は続《つづ》けて聞きました。「あまりに慎重《しんちょう》すぎる人は人徳者《じんとくしゃ》と言えないのではないでしょうか」

孔子《こうし》は司馬牛《しばぎゅう》に答えました。「徳《とく》のある人は、実践《じっせん》することの難《むずか》しさを知っているのです。たとえば、自分《じぶん》の人生《じんせい》で実践《じっせん》していないこと、やってもいないことを、自慢《じまん》げに話すようなことはしないものです。むしろ話すことには慎重《しんちょう》になるものです。言葉よりも、まずは行うこと。実際《じっさい》に行って体験《たいけん》することをまずは優先《ゆうせん》し、その体験《たいけん》から学んだことを大事《だいじ》にしているのです。いままで、理想《りそう》の人徳者《じんとくしゃ》とはどうあるべきか、その人物像《じんぶつぞう》を考《かんが》え続《つづ》けてきたけれど、意志《いし》が強《つよ》く、飾《かざ》り気がなく、実直《じっちょく》で、口数《くちかず》が少ない人こそが、限《かぎ》りなく人徳者《じんとくしゃ》に近い人と言えると思うのです」

孔子《こうし》は次のようにも言いました。「もちろん、人徳者《じんとくしゃ》の発する言葉には、人を感動《かんどう》させる力《ちから》があります。しかし、そのような人を感動《かんどう》させる言葉を持っていたとしても、必ずしも完璧《かんぺき》な人徳者《じんとくしゃ》とは言えないかもしれないのです。同じように、仁《じん》の心を持つ人は勇気《ゆうき》を持っているはずです。しかし、勇気《ゆうき》があるからといって、必ずしも人の心が完璧《かんぺき》であるかというと、そうとは限《かぎ》らないものです」

「大切《たいせつ》なことは、言葉だけではないし、勇気《ゆうき》だけでもない。思いやりの心があるかないか。自分《じぶん》が他人《たにん》からしてほしくないことや、自分《じぶん》にとって嫌《いや》だと思うことは、他人《たにん》にもしないこと。それが思いやりの心なのです。人徳者《じんとくしゃ》には、すべからく、この思いやりの心がそなわっています。相手《あいて》の心情《しんじょう》を自分《じぶん》の身《み》に置《お》き換《か》えて、相手《あいて》を思いやる気持ち。その気持ちがあるかないかが大事《だいじ》なのです。その気持ちを大切《たいせつ》にすることで、徳《とく》は磨《みが》かれ、高まっていくのです」

犯罪《はんざい》をなくすには

孔子《こうし》はさまざまな国をおとずれながら、町長《ちょうちょう》や国王《こくおう》などと面談《めんだん》し、議論《ぎろん》を交わしましたが、孔子《こうし》の地元《じもと》である魯《ろ》の国でも、毎日《まいにち》のようにさまざまな人と対話《たいわ》していました。

ある日、魯《ろ》の国の王族《おうぞく》である季康子《きこうし》が孔子《こうし》に尋《たず》ねました。「政治家《せいじか》にも悪《わる》い政治家《せいじか》や、良い政治家《せいじか》など、さまざまな政治家《せいじか》がいるものですが、国を治《おさ》める政治家《せいじか》とはどうあるべきなのでしょうか」と尋《たず》ねたので、孔子《こうし》は答えました。「政治家《せいじか》とは、正《ただ》しいことを行う人のことです。政治家《せいじか》が悪《わる》いことをすれば、その国民《こくみん》も、真似《まね》をして犯罪《はんざい》を犯《おか》すようになるものです。政治家《せいじか》が身《み》をもって正《ただ》しいことを行えば、その国の国民《こくみん》も、正《ただ》しいことを行うようになるものです」

季康子《きこうし》は続《つづ》けて聞きました。「いい政治《せいじ》を行うために、たとえば犯罪《はんざい》を犯《おか》すような悪人《あくにん》をすべて死刑《しけい》にして、良い心を持った善良《ぜんりょう》な人だけの国を作るというのは、どうでしょうか」。孔子《こうし》は答えました。「良い政治《せいじ》を行うためとはいえ、殺人《さつじん》を犯《おか》すなど、あってはならないことです。この世界《せかい》に、善良《ぜんりょう》な人が増《ふ》えるように強《つよ》く願《ねが》えば、国民《こくみん》は次第《しだい》に善良《ぜんりょう》な心になっていくものです。政治家《せいじか》の徳《とく》は風のようなものです。その風の下《もと》で生活《せいかつ》する国民《こくみん》は草のようなものです。草の上に風が吹《ふ》くと、草はなびくものなのです。心の綺麗《きれい》な人が百年間にもわたって政治《せいじ》を行えば、犯罪《はんざい》を減《へ》らすことができるようになるでしょう。なぜなら人々《ひとびと》も年月を経《へ》て心が綺麗《きれい》になっていくものだからです。そしてついには、死刑《しけい》になるような大きな罪《つみ》を犯《おか》す人は、月日《つきひ》とともに自然《しぜん》にいなくなるに違《ちが》いないのです」

「人々《ひとびと》を正《ただ》しい方向《ほうこう》に導《みちび》くために、刑罰《けいばつ》で罰《ばっ》することで治《おさ》めようとすると、人々《ひとびと》は、刑罰《けいばつ》さえ、まぬがれればよいと思ってしまい、法律《ほうりつ》をまぬがれることに恥《は》ずかしさを感じなくなってしまうものです。人々《ひとびと》を正《ただ》しい方向《ほうこう》に導《みちび》くためには、徳《とく》によって治《おさ》める必要《ひつよう》があるのです。政治家《せいじか》のみならず、人々《ひとびと》が徳《とく》のある言動《げんどう》、徳《とく》のある振《ふ》る舞《ま》いを実践《じっせん》し、そして、法律《ほうりつ》よりも礼儀礼節《れいぎれいせつ》を重んじる習慣《しゅうかん》を身《み》につけることで、徳《とく》のない振《ふ》る舞《ま》いや、礼儀《れいぎ》に反する行動《こうどう》に、恥《は》ずかしさを感じるようになり、正《ただ》しい行動《こうどう》をするようになるものなのです。そうすれば刑罰《けいばつ》など必要《ひつよう》なくなるのです」

戦争《せんそう》をやめるには

孔子《こうし》の弟子《でし》に子貢《しこう》という人がいました。子貢《しこう》は弟子《でし》の中でも、とても珍《めずら》しいことに、商売《しょうばい》が上手《じょうず》で、さまざまな商売《しょうばい》をしながら、孔子《こうし》や門下生《もんかせい》たちの生活《せいかつ》を経済面《けいざいめん》で支《ささ》えつつ、自分《じぶん》も弟子《でし》として、師匠《ししょう》の指導《しどう》を仰《あお》ぎ、門下生《もんかせい》と一緒《いっしょ》に学んでいました。子貢《しこう》は、自分《じぶん》が商売《しょうばい》で稼《かせ》いだお金《かね》を、おしみなく孔子《こうし》と弟子《でし》たちの生活費《せいかつひ》や旅《たび》の費用にあてていました。そして、いずれ自分《じぶん》も国を治《おさ》めるリーダーになりたいと思っていました。

ある日、師匠《ししょう》のお話を聞いていた子貢《しこう》は、政治家《せいじか》の徳《とく》について、師匠《ししょう》に尋《たず》ねました。「ある国の武将《ぶしょう》の話を聞きました。その武将《ぶしょう》は、自分《じぶん》の兄弟《きょうだい》と王の地位《ちい》をめぐって争《あらそ》い、その兄弟《きょうだい》を殺しました。このとき、殺された兄弟《きょうだい》に仕《つか》えていた家来《けらい》のひとりは一緒《いっしょ》に死ぬことを選び、みずから命《いのち》を断《た》ちました。自分《じぶん》は、この家来《けらい》は、最後《さいご》まで主君《しゅくん》を裏切《うらぎ》らなかったので、忠義《ちゅうぎ》を大切《たいせつ》にした思いやりのある立派《りっぱ》な家来《けらい》だと思うのです。しかし、もうひとりの家来《けらい》は、生き残ることを選び、逆《ぎゃく》に主君《しゅくん》を殺した方の武将《ぶしょう》に仕《つか》えることにしました。このような敵《てき》に寝返《ねがえ》ったような忠義《ちゅうぎ》に反する裏切《うらぎ》りをするような人は、人徳者《じんとくしゃ》ではないと思いますが、先生はどう思いますか」

孔子《こうし》は言いました。「忠義《ちゅうぎ》が大事《だいじ》なことはもちろんだよ。しかし、その感情だけで主君の後を追って命を投げ捨てても、国は平和になるわけではないのだよ。実はその生き残った方の家来は自分《じぶん》が生き残ることだけを考《かんが》えて、寝返《ねがえ》ったわけではないのだよ。その人の勇気《ゆうき》ある行動《こうどう》のおかげで国が治《おさ》まったのです。戦争《せんそう》することを避《さ》けて、敵《てき》であった武将《ぶしょう》のもとに地域《ちいき》の有力者《ゆうりょくしゃ》たちを集めて、戦争《せんそう》ではなく話し合いのみですべてを解決《かいけつ》し、国を一つにまとめたのです。彼がいなければ、ずっと戦争《せんそう》が続《つづ》いて、国民《こくみん》の生活《せいかつ》は貧《まず》しくなっていたでしょう。今では、その国では争《あらそ》いがなく、国民《こくみん》は、その恩恵《おんけい》を受けて、安心して生活《せいかつ》しています。それを成し遂げたのは、まぎれもなく使命感《しめいかん》と忍耐心《にんたいしん》があったからです。そして仁《じん》の心の持ち主でなければ、できることではなかったでしょう。もちろん忠義《ちゅうぎ》は大事《だいじ》だし、一見《いっけん》すると主君《しゅくん》を裏切《うらぎ》って、自分《じぶん》が生き残るためだけに寝返《ねがえ》ったように見えるかもしれません。しかし、表面的《ひょうめんてき》なところだけを見て決めつけてはいけません。偉大なリーダーは、強《つよ》い使命感《しめいかん》を持って行動《こうどう》するものです。人からどう思われようと、その使命《しめい》を果《は》たすために、正《ただ》しいと思った行動《こうどう》をするものです。国は平和《へいわ》になり、国民は安心して暮《く》らしています。彼が成し遂げた平和《へいわ》な暮《く》らしに目を向ければ、徳《とく》のある正《ただ》しい行動《こうどう》だったことは明らかです。彼は、人々《ひとびと》の平和《へいわ》な生活《せいかつ》を取《と》り戻《もど》すために一刻《いっこく》も早く戦争《せんそう》をやめるべきだと考《かんが》えて、その使命感《しめいかん》のために行動《こうどう》しました。自分《じぶん》の心情《しんじょう》にこだわるよりも、より大きい使命《しめい》のために行動《こうどう》する。これは誰《だれ》にでもできることではないのですよ」

子貢《しこう》は孔子《こうし》の説明《せつめい》を聞いて、自分《じぶん》が目先《めさき》の感情的《かんじょうてき》な正義感《せいぎかん》にとらわれて、戦争《せんそう》を終わらせた努力《どりょく》や功績《こうせき》にまったく目を向けていなかったことを反省《はんせい》しました。商売《しょうばい》で成功《せいこう》し、いずれは国を治《おさ》めるリーダーになろうと決意《けつい》していた子貢《しこう》は、大きい使命《しめい》のために行動《こうどう》することの大切《たいせつ》さを学び、この孔子《こうし》の教えを胸《むね》に刻《きざ》んだのでした。

仁《じん》を身《み》につけるには

弟子《でし》の子張《しちょう》は、とても物静《ものしず》かで人の上に立つ性格《せいかく》ではありませんでしたが、研究《けんきゅう》肌《はだ》で、つねに真実《しんじつ》を究《きわ》めようと努力《どりょく》していました。そんな性格《せいかく》だったので、曖昧《あいまい》なことが嫌《きら》いで、なにごとにつけても、細《こま》かく具体的《ぐたいてき》に理解《りかい》しないと気が済《す》まない性格《せいかく》でした。子張《しちょう》は、師匠《ししょう》の言う仁《じん》が、とても理解《りかい》できるものの、何をどうしたら仁《じん》を身《み》につけられるのか、よくわからずに悩《なや》んでいました。そこで仁《じん》の身《み》につけ方《かた》を師匠《ししょう》に尋《たず》ねました。孔子《こうし》は答えました。「子張《しちょう》よ、大事《だいじ》な要点《ようてん》は五つある。一つは、やはり謙虚《けんきょ》で礼儀正《れいぎただ》しい態度《たいど》だ。なぜなら、謙虚《けんきょ》で礼儀正《れいぎただ》しい態度《たいど》で人に接《せっ》すれば、誰《だれ》からも尊敬《そんけい》され、人からあなどられることはないからだ。二つ目は、心の広い寛大《かんだい》さだ。おおらかで、心の広い人は誰《だれ》からも好かれる。三つ目は、嘘《うそ》をつかない誠実《せいじつ》さだ。誠実《せいじつ》さは人から信頼《しんらい》される。人から信頼《しんらい》されると、自然《しぜん》と、重要《じゅうよう》な仕事《しごと》や責任《せきにん》の大きい仕事《しごと》を任《まか》されるようになる。四つ目は、勤勉《きんべん》で怠《なま》けないことだ。手抜《てぬ》きをせずに、一生懸命《いっしょうけんめい》に仕事《しごと》に励《はげ》めば、必《かなら》ず成功《せいこう》するからだ。五つ目は、利益《りえき》を分け与《あた》えること。自分《じぶん》だけ豊《ゆた》かになろうとしないことだ。周《まわ》りの人の助けがあってこそ、自分《じぶん》の人生《じんせい》がある。欲深《よくぶか》くなってはいけない。つねに感謝《かんしゃ》の気持ちで、恩返《おんがえ》しを心がけることだ。そうすれば、誰《だれ》もが君についていこうという気持ちになる」

子張《しちょう》は、師匠《ししょう》の講義《こうぎ》を聞いて、頭《あたま》の中のもやもやした霧《きり》が晴《は》れていく思いがしました。そして、この五つの戒《いまし》めを自分《じぶん》の人生《じんせい》における信条《しんじょう》としたのでした。

つつましく暮《く》らす

孔子《こうし》は弟子《でし》たちに講義《こうぎ》をしたり、対話《たいわ》をしたりするかたわらで、自分自身《じぶんじしん》の日常生活《にちじょうせいかつ》の中でも仁《じん》の心を実践《じっせん》するように心がけていました。孔子《こうし》は食べ物を得《え》るために自分《じぶん》で魚を釣ることもありましたが、欲張《よくば》って、網《あみ》を投《な》げて魚をいっぺんにたくさん獲《と》るようなことはしませんでした。欲張《よくば》らず、多くを殺さずに、自分《じぶん》が食べる分だけしか釣らなかったのです。また、飛んでいる鳥を弓《ゆみ》で射《い》ることはありましたが、木《き》にとまって休んでいる鳥や、巣《す》の中で寝《ね》ている鳥を弓《ゆみ》で射《い》るようなことはしませんでした。魚や鳥といえども、その命《いのち》や生活《せいかつ》をとても大切《たいせつ》にしていたのです。

そして生活《せいかつ》はつつましく、無駄《むだ》のないように努めていました。食事《しょくじ》は贅沢《ぜいたく》なもので

はなく、いつも少ない量《りょう》のごはんと、少しだけのおかず、そして水《みず》を飲《の》むだけですませていました。ただ贅沢《ぜいたく》こそしなかったものの、食べるものの質《しつ》にはこだわっていました。お米は新鮮《しんせん》なものを丹念《たんねん》に精米《せいまい》し、古くなって味が変わったようなごはんは食べませんでした。肉や魚も、日がたって腐《くさ》りかけて色が悪《わる》くなっているものや、匂《にお》いが悪《わる》くなっているようなものは口にしませんでした。売っているものを買って食べるのではなく、できるだけ自家製《じかせい》のものを食べるようにしていました。

調理《ちょうり》や味付《あじつ》けにもこだわりを持ち、包丁《ほうちょう》での切り方《かた》は食材《しょくざい》ごとに変え、味付《あじつ》けの調味料《ちょうみりょう》は食材《しょくざい》ごとに合ったものを選びました。それもこれも、食材《しょくざい》の命《いのち》に感謝《かんしゃ》し、できるだけおいしくいただくことが、命《いのち》をいただくことへの礼儀《れいぎ》であるということをわきまえていたからです。そして季節外《きせつはず》れのものは食べず、旬《しゅん》の新鮮《しんせん》なものを、ごく少量《しょうりょう》だけ食べていました。どんなつつましい食事《しょくじ》であっても、食べる前には敬虔《けいけん》な気持ちで食材《しょくざい》に向き合い、感謝《かんしゃ》の祈《いの》りを捧《ささ》げていました。そして食事中《しょくじちゅう》は大声《おおごえ》で話すようなことはせず、静《しず》かに味わい、お酒《さけ》も酔《よ》っ払《ぱら》うまで飲《の》むようなことはありませんでした。

日常生活《にちじょうせいかつ》で使《つか》うものも、高級《こうきゅう》なものを買ったり、欲しがったりすることはありませんでした。生活《せいかつ》に必要《ひつよう》なものを最小限《さいしょうげん》しか持たなかったのです。寝《ね》る時なども、枕《まくら》は使《つか》わずに、自分《じぶん》の腕《うで》を頭《あたま》の後《うし》ろに回《まわ》して、枕《まくら》がわりにして寝《ね》ているくらいでした。

人をだまして金持《かねも》ちになって豪華《ごうか》な生活《せいかつ》をするよりも、まっとうな人生《じんせい》を送りながら、つつましい生活《せいかつ》を心がけることでこそ、心が充実《じゅうじつ》し、健康《けんこう》で豊《ゆた》かな人生《じんせい》になるということを心得《こころえ》ていたのです。

生活《せいかつ》の中で実践《じっせん》する

弟子《でし》の顔淵《がんえん》は、孔子《こうし》の門下生《もんかせい》の中でも一番弟子《いちばんでし》と言われるほど優秀《ゆうしゅう》でしたが、孔子《こうし》のそのような生活《せいかつ》ぶりを見て、自分《じぶん》も見習《みなら》って無欲《むよく》な生活《せいかつ》を心がけていました。食事《しょくじ》はいつもお茶碗一杯《ちゃわんいっぱい》だけのごはんと、お椀一杯《わんいっぱい》だけの飲《の》み物で、狭《せま》く小さい家に住んでいました。ふつうの人では、とてもたえられないほど貧《まず》しい生活《せいかつ》でしたが、顔淵《がんえん》はむしろそのような、つつましい簡素《かんそ》な生活《せいかつ》に幸福感《こうふくかん》を感じてさえいました。孔子《こうし》は、贅沢《ぜいたく》をしようとしない、謙虚《けんきょ》で無欲《むよく》な顔淵《がんえん》の生活《せいかつ》ぶりを見て、弟子《でし》たちの前でも、つねづね顔淵《がんえん》を次のように評《ひょう》していました。「顔淵《がんえん》とは、毎日《まいにち》のように朝《あさ》から晩《ばん》まで議論《ぎろん》するのだが、私の言うことにまったく反論《はんろん》しようともしない。いつも無口《むくち》で、まったく理解《りかい》していない様子《ようす》は、一見《いっけん》すると、とても利口《りこう》そうには見えないし、むしろ、とても愚《おろ》か者《もの》にすら見える。しかし、実際《じっさい》にはその正反対《せいはんたい》で、彼の生活《せいかつ》ぶりをよくよく観察《かんさつ》していると、自分《じぶん》の生活《せいかつ》の中で、すべてを実践《じっせん》しようとしていることがよくわかる。無欲《むよく》で思慮《しりょ》深《ぶか》く、とても謙虚《けんきょ》で、生活《せいかつ》や行動《こうどう》の中で徳《とく》のある生き方《かた》を実践《じっせん》しようと努めている。なんと賢《かしこ》く、立派《りっぱ》なのだろう」

同じ門下生《もんかせい》で、商才《しょうさい》のある子貢《しこう》も、顔淵《がんえん》の姿勢《しせい》にはいつも感心《かんしん》していました。あるとき、孔子《こうし》は、子貢《しこう》に対して、「君は顔淵《がんえん》と同じく、たくさん学んできたが、顔淵《がんえん》とくらべて、どちらがより学んできたと思うか」と聞いたところ、子貢《しこう》は答えました。「顔淵《がんえん》には到底及《とうていおよ》びません。彼は、一つの真理《しんり》を聞くと、その中から十の真理《しんり》を知ることができます。自分《じぶん》は一つの真理《しんり》を聞いても、そこから、せいぜい二つくらいしか、真理《しんり》を知ることができません」

孔子《こうし》は、それを聞いて、自分《じぶん》の評価《ひょうか》だけでなく、同じ弟子《でし》たちの中でも顔淵《がんえん》が尊敬《そんけい》されていることを知ったのでした。そして、そのように同じ仲間《なかま》を評《ひょう》した子貢《しこう》の正直《しょうじき》さと、謙虚《けんきょ》な気持ちを、とてもほめたのでした。

三年間の愛情《あいじょう》

孔子《こうし》は弟子《でし》たちと対話《たいわ》する時《とき》には、いつもにこやかで、温和《おんわ》で、かたくなにならず、のびのびと接《せっ》しながら、対話《たいわ》を楽しんでいました。そして日常《にちじょう》の生活《せいかつ》をとてもくつろいですごしていました。そして難《むずか》しい研究《けんきゅう》ばかりしているのではなく、文化芸術《ぶんかげいじゅつ》を愛《あい》し、詩《し》を読み、音楽《おんがく》をきいて、その感動《かんどう》を弟子《でし》たちと分かち合っていました。斉《さい》の国をおとずれたときなどは、数ヶ月《すうかげつ》にもわたって、斉《さい》の国のあちらこちらで演奏《えんそう》さ

れる素晴《すば》らしい曲《きょく》の音色《ねいろ》に感動《かんどう》し、食事《しょくじ》の味も忘《わす》れるほどでした。歌《うた》の上手《じょうず》な歌手《かしゅ》がいると、何度《なんど》もその歌手《かしゅ》の歌《うた》をきいては、自分《じぶん》でもその真似《まね》をして歌《うた》の練習《れんしゅう》に励《はげ》むほど、音楽《おんがく》が大好きでした。

孔子《こうし》は、文化芸術《ぶんかげいじゅつ》を愛《あい》する一方《いっぽう》で、礼儀礼節《れいぎれいせつ》をとても重んじていました。家族が病気《びょうき》で亡《な》くなった時などは、特に悲《かな》しみに暮《く》れている親族《しんぞく》の方々《かたがた》には慎重《しんちょう》に気をつかい、最大限《さいだいげん》の礼儀礼節《れいぎれいせつ》を持って接《せっ》しました。そして弟子《でし》たちには、もし自分《じぶん》の親が亡《な》くなった場合には、その死を悼《いた》み、三年の間は喪《も》に服《ふく》すべきだと指導《しどう》していました。

弟子《でし》の中でも、特に口が達者《たっしゃ》で、理屈《りくつ》は立派《りっぱ》だけれど、なかなか行動《こうどう》に移《うつ》せない弟子《でし》の宰予《さいよ》は、ある日、師匠《ししょう》に理屈《りくつ》っぽく尋《たず》ねたのでした。「三年間も喪《も》に服《ふく》するのは、ちょっと長すぎるのではないでしょうか」と疑問《ぎもん》をぶつけてみたのです。「三年もの間、勉強もせず何もしなければ、せっかく身《み》につけてきた知識《ちしき》や礼儀作法《れいぎさほう》も、どんどん忘《わす》れてしまうかもしれません。作物《さくもつ》が実《みの》ってから一年の終わりに枯《か》れるのを考《かんが》えると、一年でひとめぐりですから、喪《も》に服《ふく》する期間《きかん》も、それと同じように一年くらいで十分《じゅうぶん》なのではないでしょうか」と尋《たず》ねましたが、孔子《こうし》は信念《しんねん》を曲《ま》げませんでした。「親が死んでから一年ほどの短《みじか》い期間《きかん》で、元の生活《せいかつ》に戻《もど》るということが、君にはなんともないのか」と逆《ぎゃく》に孔子《こうし》が宰予《さいよ》に問いただしたところ、宰予《さいよ》は意地《いじ》をはって、「自分《じぶん》はなんとも感じません。やはり一年で十分《じゅうぶん》だと思いますが」と言い放《はな》ちました。孔子《こうし》は言いました。「君自身《じしん》が一年でいいと言うのなら、それはそれでかまわない。しかし私なら、一年を過《す》ぎても悲《かな》しみは和《やわ》らがないだろう。おいしいものを食べても、そのおいしさを感じないだろうし、音楽《おんがく》をきいても楽しい気持ちにはならないはずだ。家にいても悲《かな》しみを感じ、心穏《こころおだ》やかにはならない。すくなくとも、私には悲《かな》しみを克服《こくふく》するのに三年はかかる」

孔子《こうし》がそのように言うと、宰予《さいよ》は部屋《へや》を出て行きました。宰予《さいよ》が部屋《へや》を出て行った後で、部屋《へや》に残っていた弟子《でし》たちに言いました。「なぜわしが三年にこだわるのか、その意味《いみ》するところを教えよう。子供が生まれると、親は三年間は抱《だ》っこしながら世話《せわ》をしなければならない。おむつをかえたり、お乳《ちち》を飲《の》ませたり、すべては親の懐《ふところ》の中で大事《だいじ》に育てられる。しかし三年経《た》つと、子供も親の懐《ふところ》から離《はな》れて自分《じぶん》で立って歩き出すようになる。親が懐《ふところ》で大事《だいじ》に育ててくれたその三年間を思うなら、その恩《おん》を仁《じん》の心でありがたく感じ、その恩《おん》に報《むく》いるのに三年は必要《ひつよう》なのだ。宰予《さいよ》とて、その三年間は親から十分《じゅうぶん》に愛《あい》され、親の懐《ふところ》で育てられたはずだ。仁《じん》の心があるなら、その三年間の愛《あい》に想《おも》いを馳《は》せるべきだろう。宰予《さいよ》にはそれがわからんようだ。まだまだ修行《しゅぎょう》が足《た》りないのう、宰予《さいよ》は」

その場にいた弟子《でし》たちは、孔子《こうし》の教えの背後《はいご》にある、思いやりの深さや愛情《あいじょう》に感服《かんぷく》し、三年間の意味《いみ》を十分《じゅうぶん》に理解《りかい》したのでした。

村の中で尊敬《そんけい》されるには

樊遅《はんち》は、弟子《でし》たちの中でも若く、とても素直《すなお》な性格《せいかく》でした。若いこともあって、先輩《せんぱい》たちが議論《ぎろん》しているような、難《むずか》しいことは、なかなか理解《りかい》できませんでしたが、将来《しょうらい》は、自分《じぶん》の村の中でも人徳者《じんとくしゃ》として尊敬《そんけい》される人物《じんぶつ》になりたいと思っていました。そうなるために、まずは農業《のうぎょう》について学ぼうと考《かんが》えました。農業《のうぎょう》の方法《ほうほう》を学び、村を農業《のうぎょう》で発展《はってん》させれば、みなから尊敬《そんけい》されると考《かんが》えたからです。そこで、樊遅《はんち》は、孔子《こうし》に、まずは田《た》んぼの作り方《かた》について教えを乞《こ》いました。

孔子《こうし》は言いました。「樊遅《はんち》よ、田《た》んぼのことなら、むかしから田《た》んぼで仕事《しごと》をしている熟練《じゅくれん》の農家の人に聞いた方がいい。私より年上《としうえ》の経験《けいけん》がたくさんある農家の人なら、私よりもはるかに多くのことを知っているはずだ」と。

樊遅《はんち》は聞きました「それでは、畑《はたけ》の作り方《かた》を教えてくれませんか」

孔子《こうし》は答えました。「畑《はたけ》も同じだよ。私よりもくわしい人がたくさんいるよ」

日頃《ひごろ》からなんでも知っていて、知っていることはすべて教えてくれる師匠《ししょう》を尊敬《そんけい》していた樊遅《はんち》は、途方《とほう》に暮《く》れてしまいました。孔子《こうし》は言いました。「樊遅《はんち》、君はわかっていないのだよ。田《た》んぼを作っている人にも、畑《はたけ》を作っている人にも、経験《けいけん》がたくさんある熟練者《じゅくれんしゃ》はたくさんいる。君は尊敬《そんけい》されたいのだろう。単に知識《ちしき》や技術《ぎじゅつ》を学べば、尊敬《そんけい》されるというものではないのだよ。尊敬《そんけい》されたいのであれば、まず第一《だいいち》に人徳者《じんとくしゃ》を目指《めざ》して徳《とく》を磨《みが》くことだよ。礼儀礼節《れいぎれいせつ》がしっかりした徳《とく》の高い人は、自然《しぜん》に尊敬《そんけい》されるようになる。正義感《せいぎかん》を持って人として正《ただ》しいことを行えば、みながその行いに賛同《さんどう》し、共感《きょうかん》する。嘘《うそ》をつかず、誠実《せいじつ》さを持って人々《ひとびと》に接《せっ》すれば、みなも同じように信頼《しんらい》を持って返し、その関係《かんけい》を大切《たいせつ》にするようになる。そのような人は尊敬《そんけい》され、その人の周《まわ》りにみなが集まってくるものだよ。田植《たう》えの方法《ほうほう》とか、畑《はたけ》の耕《たがや》し方《かた》とかではないのだよ。それを知ったところで、尊敬《そんけい》されるわけではないのだよ。君はまだ若《わか》い、まずは人を知り、人を愛《あい》することを学びなさい。そうすれば仁《じん》の心が身《み》につくはずです」

樊遅《はんち》は田《た》んぼや畑《はたけ》の作り方《かた》を聞いた自分《じぶん》が、とても恥《は》ずかしくなりました。このことがあって以来《いらい》、心を改《あらた》めて、徳《とく》を磨《みが》くべく、孔子《こうし》の教えを実践《じっせん》するように心がけたのでした。

言葉が立派《りっぱ》な人

ある時、孔子《こうし》は、宰予《さいよ》が昼寝《ひるね》ばかりしていることに気がつきました。朝《あさ》になると、門下生《もんかせい》たちが集まって、みなで同じ部屋《へや》で仁《じん》について研究《けんきゅう》しているのに、なぜか宰予《さいよ》だけがいないのに気がついたのです。宰予《さいよ》は弟子《でし》たちの中でも口が達者《たっしゃ》でしたが、態度《たいど》や行動《こうどう》にいつも問題《もんだい》がありました。孔子《こうし》は、他の弟子《でし》たちに言いました。

「まったく宰予《さいよ》は怠《なま》け者《もの》だな。いつも勉強せずに、昼寝《ひるね》ばかりしている。堅《かた》い木《き》には彫刻《ちょうこく》することができるものだが、古くなって腐《くさ》って朽《く》ち果《は》てている木《き》に彫刻《ちょうこく》しようと思っても、木《き》はぼろぼろと崩《くず》れてしまうだけだ。私は一生懸命《いっしょうけんめい》、宰予《さいよ》を教え育《そだ》てようとした。彫刻《ちょうこく》のように、私の教えを宰予《さいよ》の頭《あたま》の中に刻《きざ》みつけようとしたつもりだが、まったく無駄《むだ》だった。宰予《さいよ》はいつも口では立派《りっぱ》なことを言うが、態度《たいど》や行いがまったく伴《ともな》っていない。いままで、私は言葉が立派《りっぱ》な人は、態度《たいど》も行いも立派《りっぱ》なものだと信《しん》じてきたのだが、宰予《さいよ》を見ていると、そうではないということがよくわかった。今後《こんご》は、たとえ言葉が立派《りっぱ》な人であっても、その行いが立派《りっぱ》かどうかは、その行いをよく見てから判断《はんだん》しようと思う」

宰予《さいよ》が昼寝《ひるね》ばかりしているのを見ていた弟子《でし》たちも、師匠《ししょう》の嘆《なげ》きを聞いて、実《じつ》にもっともだと思ったのでした。

思いやりのない人

孔子《こうし》の一行《いっこう》は旅《たび》を続《つづ》けていると、深《ふか》くて広い川につきあたりました。泳《およ》いで渡《わた》れるような川ではないので、船《ふね》で川を渡《わた》る船着場《ふなつきば》を探していました。船着場《ふなつきば》を探して迷《まよ》っていると、畑《はたけ》を耕《たがや》している二人の人を見つけました。そこは村から遠《とお》く外《はず》れたところなので、見るからに怪《あや》しい感じがしました。その二人は、村から離《はな》れ、世間《せけん》や社会《しゃかい》とのかかわりを持たず、人と交際《こうさい》もせずに、隠《かく》れて暮《く》らしている世捨人《よすてびと》でした。

弟子《でし》の子路《しろ》が、道《みち》を聞こうと近づいて行きました。子路《しろ》は、弟子《でし》の中では、性格《せいかく》が荒《あら》っぽくて、少しおっちょこちょいなところがありましたが、その反面《はんめん》、勇気《ゆうき》があり、真っ直ぐな性格《せいかく》でした。なにやら怪《あや》しげな雰囲気《ふんいき》を感じたものの、道《みち》を聞くだけだと思い、勇気《ゆうき》を出して近づいて行って、一人の方に、船着場《ふなつきば》がどこにあるか教えて欲しいと聞きました。すると、その怪《あや》しげな世捨人《よすてびと》は、船着場《ふなつきば》の場所《ばしょ》は答えずに、とても無愛想《ぶあいそう》な態度《たいど》で「あそこで、あの馬に乗《の》っている人は誰《だれ》だ」と逆《ぎゃく》に孔子《こうし》を指差《ゆびさ》して聞き返してきました。思いやりのある人なら、道《みち》を聞かれたら答えるものですが、この世捨人《よすてびと》には、そのような思いやりはありませんでした。子路《しろ》はあきれつつも、「私の師匠《ししょう》で、孔子《こうし》という人です」と答えました。すると、「ああ、あの高名《こうみょう》な先生か」と横柄《おうへい》な態度《たいど》でつぶやきました。そして「孔子《こうし》なら、さぞや道理《どうり》をわきまえていて、博識《はくしき》に違《ちが》いない。人生《じんせい》の隅《すみ》から隅《すみ》まで、人の道《みち》をおわかりになっているのだろうから、船着場《ふなつきば》くらい、どこにあるか、聞かなくたってわかるだろうに」と皮肉《ひにく》っぽく言い放《はな》ちました。その礼儀《れいぎ》のない言い方《かた》に子路《しろ》はあきれて、もう一人の方に、船着場《ふなつきば》はどこかと丁重《ていちょう》に聞きました。すると、もう一人の方も、「あんたは誰《だれ》なんだい」と、こちらも同じように無愛想《ぶあいそう》な態度《たいど》で聞き返してきました。「孔子《こうし》の弟子《でし》の子路《しろ》です」と答えると、「ああそうか、ならあんたにもわかるだろう。川はどんどん流れているのだよ、だから、どうせ渡《わた》れやしないのだよ。世《よ》の中みんな川の流れと同じで、流れは止《と》められないのだよ。いくら高名《こうみょう》でも、博識《はくしき》でも、世《よ》の中を変えられやしないってことだよ。あんたも孔子《こうし》なんかについて勉強などしたって、時間《じかん》の無駄《むだ》だよ。徒労《とろう》に終わるだけで、何の意味《いみ》もないよ。俺《おれ》たちと同じように、世捨人《よすてびと》になった方が、まだましだよ」と言い放《はな》って、子路《しろ》の顔《かお》を見ようとも

せずに、もくもくと畑《はたけ》を耕《たがや》し続《つづ》けました、

子路《しろ》は怒《おこ》ってその場を離《はな》れ、孔子《こうし》のもとに戻《もど》って、世捨人《よすてびと》の態度《たいど》の悪《わる》さを報告《ほうこく》しました。

孔子《こうし》はため息をついて言いました。「思いやりの心というものが、まったくないな。けだもののような連中《れんちゅう》と、人生《じんせい》の貴重《きちょう》な時間《じかん》をつぶすわけにはいかない。私は思いやりと良識《りょうしき》のある君たちと、こうして一緒《いっしょ》に生活《せいかつ》し、旅《たび》ができて本当にうれしい。世界中《せかいじゅう》で、思いやりの心が実践《じっせん》されているなら、こうしてみなで旅《たび》をする必要《ひつよう》などない。見ての通《とお》り、世《よ》の中には思いやりのない人がいる。だからこそ私たちの旅《たび》には意味《いみ》があるのだ」

船着場《ふなつきば》を見つけて、船《ふね》に乗《の》って川を渡《わた》ると、弟子《でし》の子貢《しこう》が孔子《こうし》に尋《たず》ねました。

「師匠《ししょう》のような人徳者《じんとくしゃ》でも、人を憎《にく》むことはあるのでしょうか」

孔子《こうし》は言いました。「もちろん憎《にく》むことはあるさ。他人《たにん》の悪口を言う人を憎《にく》むし、自分《じぶん》は楽《らく》な立場《たちば》にいながら、責任《せきにん》の重《おも》い立派《りっぱ》な人を、けなしたりする人を憎《にく》むよ。恐《おそ》れ知らずなだけで、礼儀礼節《れいぎれいせつ》をわきまえない人を憎《にく》むし、勇気《ゆうき》ばかり一人前《いちにんまえ》で、理屈《りくつ》の通用《つうよう》しない人を憎《にく》む。子貢《しこう》よ、君だって人を憎《にく》むことがあるだろう」

子貢《しこう》は答えました。「たしかに私にも人を憎《にく》むことがあります。他人《たにん》が努力《どりょく》して知《し》り得《え》たことを、さも自分《じぶん》が知っていたかのように、横《よこ》からかすめ取《と》って、平気《へいき》でいる人を憎《にく》みます。態度《たいど》に謙虚《けんきょ》さがなく、乱暴《らんぼう》でぶっきらぼうな人も憎《にく》みます。そして、人の秘密《ひみつ》をあばきたてて、それを正直《しょうじき》で誠実《せいじつ》な行いだと思っている人を憎《にく》みます」

孔子《こうし》は子貢《しこう》の答えにうなずきながら、ひとりごとのように言いました。「たくさんの人生経験《じんせいけいけん》を積んで、年が四十歳ほどにもなって、それでも人から憎《にく》まれるようだったら、人間《にんげん》おしまいだな」

学び合う友達を作る

孔子《こうし》は旅《たび》を続《つづ》ける中で、仁《じん》を身《み》につける方法《ほうほう》について弟子《でし》たちに話しました。

「生まれながらにして仁《じん》の心を身《み》につけている人もいるだろう。自分《じぶん》の意思《いし》で、仁《じん》の心を学ぼうとして努力《どりょく》する人もいる。貧《まず》しい生活《せいかつ》の中で、たいへんな思いをした上で、仁《じん》の心を学ぼうと努力《どりょく》する人もいるでしょう。しかし、困窮《こんきゅう》し、苦労《くろう》しても、仁《じん》の心を学ぼうとしない人もいます。ようは学ぶ気持ちがあるかどうかが、大事《だいじ》なのです。そして学ぶ気持ちがあるならば、身近《みぢか》な生活《せいかつ》の中でも十分《じゅうぶん》に学ぶことができるのです。それには、一番《いちばん》の近道《ちかみち》があります。なんでも話せる二人の親しい友達を作ることです。その二人の友達と一緒《いっしょ》に、自分《じぶん》も合わせて三人で、遊んだり一緒《いっしょ》に勉強しながら、その二人の友達から、良いところを学び、見習《みなら》うことです。友人の言動《げんどう》や振《ふ》る舞《ま》いの中には、必ず尊敬《そんけい》できる部分《ぶぶん》があります。その部分《ぶぶん》を敬《うやま》い、見習《みなら》うのです。友人の中に師匠《ししょう》を見出《みいだ》すことができるものなのです。また、逆《ぎゃく》に悪《わる》い言動《げんどう》や振《ふ》る舞《ま》いを見たら、そのような悪《わる》い言動《げんどう》や振《ふ》る舞《ま》いを真似《まね》しないように心がけるのです。それを続《つづ》けることで、次第《しだい》に仁《じん》の心が身《み》についていくものです。たとえば、家を建《た》てようとする大工《だいく》さんが、いい仕事《しごと》をしようと志《こころざ》すなら、ノコギリや、かなづち、カンナなどをそろえなければなりませんが、できるだけ良い道具《どうぐ》を選んで、大切《たいせつ》にするはずです。これと同じことです。自分《じぶん》が尊敬《そんけい》できる良い師匠《ししょう》を見つけること。そして、仁《じん》の心を高めようと一緒《いっしょ》に学ぶ、志《こころざし》の高い友を選び、その友達との関係《かんけい》を大切《たいせつ》にすることです」

そして孔子《こうし》は次のようにも言いました。「三人の友人を作るにあたって心がけるべき大切《たいせつ》なことがあります。それは、自分《じぶん》にとって有益《ゆうえき》になる友人と、害《がい》になる友

人が、それぞれ三種類あるということです。有益《ゆうえき》な友人とは、正直《しょうじき》な人、誠実《せいじつ》な人、そして知識《ちしき》が豊富《ほうふ》な人のことです。逆《ぎゃく》に、平気《へいき》で嘘《うそ》をつく人、悪人《あくにん》なのに善人《ぜんにん》ぶる人、誠実《せいじつ》さがなく、言葉巧《たく》みなだけの人。これらの人は、あなたの人生《じんせい》に害《がい》をもたらすことになるでしょう」

我慢《がまん》することも大事《だいじ》

孔子《こうし》と門下生《もんかせい》の一行《いっこう》は、さまざまな国を回って旅《たび》を続《つづ》けていく中で、弟子《でし》も自然《しぜん》に増《ふ》えていきました。弟子《でし》が増《ふ》えれば増《ふ》えるほど、旅費《りょひ》や生活《せいかつ》に必要《ひつよう》な食事代《しょくじだい》などが大変《たいへん》になっていきました。商売上手《しょうばいじょうず》な弟子《でし》の子貢《しこう》が、さまざまな商売《しょうばい》を手掛《てが》けて稼《かせ》いだお金《かね》で、なんとか旅《たび》の生活費《せいかつひ》を工面《くめん》していました。そんな中で食料《しょくりょう》が足りなくなってしまうこともたびたびありました。時は戦争《せんそう》の絶《た》えない時代《じだい》でした。ある国を通《とお》りかかった時には、その国をめぐって二つの国が戦争《せんそう》を始めてしまい、孔子《こうし》一行《いっこう》は、その戦争《せんそう》に巻き込《こ》まれ、戦場《せんじょう》の真ん中で身動《みうご》きが取れなくなってしまい、立ち往生《おうじょう》してしまいました。その時などは一週間も、飲《の》まず食わずの日々が続《つづ》きましたが、孔子《こうし》はなにごともないかのように、平然《へいぜん》としていました。さすがの弟子《でし》たちも、お腹《なか》がすいてしまって、いつも通《どお》りに振《ふ》る舞《ま》っている孔子《こうし》に、皮肉《ひにく》のひとつも言いたくなり、子路《しろ》が先生に文句《もんく》を言いました。「先生のような人徳者《じんとくしゃ》であっても、このように食べ物もなく、苦難《くなん》に直面《ちょくめん》することもあるのですか」

孔子《こうし》は言いました「もちろんある。どんなに人徳《じんとく》が高くて、教養《きょうよう》にあふれた人でも、すべてが万事《ばんじ》うまくいくわけではないし、いつも食事《しょくじ》ができるわけでもない。苦難《くなん》に直面《ちょくめん》することはあるものだよ。しかし、困難《こんなん》な時であっても、忍耐《にんたい》のない人と違《ちが》って、私はうろたえたり、あわてたり、誰《だれ》かに当《あ》たり散《ち》らしたりもしない。子路《しろ》よ、我慢《がまん》することも大事《だいじ》なのだよ。人徳者《じんとくしゃ》は、つねに正《ただ》しい道《みち》を究《きわ》めることを望《のぞ》むが、食料《しょくりょう》を欲《ほっ》したりはしないものだ。田《た》んぼや畑《はたけ》を一生懸命耕《いっしょうけんめいたがや》しても、うまく作物《さくもつ》が実《みの》らずに、不作《ふさく》で食料《しょくりょう》に困《こま》って飢《う》えることもあるだろう。しかし徳《とく》を学び、徳《とく》を磨《みが》き、仁《じん》の心を身《み》につければ、その人徳《じんとく》によって食料《しょくりょう》は自然《しぜん》に得《え》られるようになるはずだ。そのような人は、徳《とく》とはどうあるべきかについては、思い悩《なや》んで心を砕《くだ》くが、食事《しょくじ》ができなくて、貧《まず》しいことについて思い悩《なや》んだりはしないものだよ」

そのような話をしていると、孔子《こうし》の一行《いっこう》を守《まも》ろうと、楚《そ》の国が護衛《ごえい》のための軍隊《ぐんたい》を派遣《はけん》してくれたのでした。楚《そ》の国の国王《こくおう》は、かねてから徳《とく》の高い孔子《こうし》を尊敬《そんけい》し、仁《じん》の気持ちを大切《たいせつ》にしていた人でした。幸《さいわ》いにして、孔子《こうし》たちは、楚《そ》の国の護衛《ごえい》に守《まも》られながら、無事《ぶじ》に戦場《せんじょう》から逃《のが》れることができました。子路《しろ》は、やっと安心して食事《しょくじ》ができるようになった時、「人徳《じんとく》によって食料《しょくりょう》は自然《しぜん》に得《え》られるようになる」と言った孔子《こうし》の教えを思い出しました。孔子《こうし》の人徳《じんとく》と、まさにその徳《とく》を尊敬《そんけい》する楚《そ》の国王《こくおう》に助《たす》けられたことを振《ふ》り返り、徳《とく》を磨《みが》き、仁《じん》の心を身《み》につけることの大切《たいせつ》さを身《み》に染《し》みて感じたのでした。そしてお腹《なか》が空《す》いて師匠《ししょう》に当《あ》たり散《ち》らしたのを恥《は》ずかしく思い、反省《はんせい》しながら、旅《たび》を続《つづ》けたのでした。

孔子《こうし》と弟子《でし》たちの旅《たび》は、こうしてさまざまな経験《けいけん》を経《へ》る中から、学びや気づきを得《え》る機会《きかい》でもありました。そしてそれは十四年間にもわたって続《つづ》いたのでした。

考《かんが》えることと学ぶこと

弟子《でし》の顔淵《がんえん》が孔子《こうし》の前で、ため息まじりにつぶやきました。

「先生は、仰《あお》ぎ見れば見るほど、ますます高いところに行ってしまい、とても手が届《とど》く感じがしません。一生懸命叩《いっしょうけんめいたた》いて、割《わ》ろうとすればするほど、ますます硬《かた》くなる岩《いわ》のようにも感じます。目の前を歩かれていると思ったら、ふと気がつくと後《うし》ろを歩かれているようで、自分《じぶん》の能力《のうりょく》では、先生を正確《せいかく》につかみ取ることができません。先生は、いつもやさしく丁寧《ていねい》に、ものごとを順序立《じゅんじょだ》ててわかりやすく説明《せつめい》して指導《しどう》してくださいます。私たちの知識《ちしき》を広めるために、さまざまな文化芸術《ぶんかげいじゅつ》を教えてくれます。そして、その実践方法《じっせんほうほう》として礼儀礼節《れいぎれいせつ》を教えてくれています。先生に師事《しじ》して学んでいると、とても楽しく充実《じゅうじつ》していて、途中《とちゅう》でやめたいと思うことはなく、もっと学び続《つづ》けたいと思うほどです。自分《じぶん》では、だいぶ学んできたので、それなりに自信《じしん》はあり、もうこの辺《へん》で大丈夫《だいじょうぶ》かなと思うことはあるものの、先生を仰《あお》ぎ見ると、まだまだまったくだめで、とても先生にはおよばないと思ってしまうのです」

孔子《こうし》は自分自身《じぶんじしん》について顔淵《がんえん》と弟子《でし》たちに語《かた》って聞かせました。「私はなんでも知っているかのように見えるかもしれないが、生まれながらにして何《なん》でも知っていたわけではないのですよ。むかしから歴史《れきし》が好きで、熱心《ねっしん》に歴史《れきし》を学びました。人々《ひとびと》の過去《かこ》の歴史《れきし》から学ぶことで、多くのことを知ることができたのです。むかし、食事《しょくじ》もせずに、寝《ね》る間《ま》も惜《お》しんで考《かん》え続《つづ》けたことがあります。ただひたすら考《かん》え続《つづ》けるのです。しかし、考《かん》え続《つづ》けることによって、何か大事《だいじ》な知識《ちしき》を身《み》につけたり、新《あたら》しい発見《はっけん》をしたりすることは、ついになかったのですよ。自分《じぶん》ひとりで、自分《じぶん》の頭《あたま》の中だけで考《かんが》えても、知識《ちしき》は広がっていかないし、良い考《かんが》えも思い浮《う》かばないものだ。過去《かこ》の歴史《れきし》には、さまざまな人びとの失敗《しっぱい》や成功《せいこう》から得《え》られた知恵《ちえ》や経験《けいけん》が詰《つ》まっている。そのような先人《せんじん》たちが培《つちか》ってきた知恵《ちえ》や経験《けいけん》から学ぶのが一番《いちばん》いいのです。

とはいえ、学びながら自分《じぶん》の頭《あたま》で考《かんが》え、考《かんが》えながらまた学ぶというバランスが大事《だいじ》なのです。知識《ちしき》を学ぶだけで、まったく自分《じぶん》の頭《あたま》で考《かんが》えようとしなければ、その知識《ちしき》

を活用《かつよう》して人生《じんせい》に生かすことはできないものです。同じように自分《じぶん》の頭《あたま》で考《かんが》えるだけで、知識《ちしき》を学ぼうとしなければ、身勝手《みがって》な思い込《こ》みに陥《おちい》ることになるものなのです」

六つの教訓《きょうくん》

孔子《こうし》は旅《たび》を続《つづ》けている中で、なにやら子路《しろ》が悩《なや》んでいるのに気づきました。子路《しろ》は、師匠《ししょう》が仁《じん》の話をするたびに、自分《じぶん》なりに理解《りかい》はできるものの、自分《じぶん》の性格《せいかく》は荒《あら》っぽくて粗雑《そざつ》なところがあり、そんな自分《じぶん》が、果《は》たして仁《じん》の心が身《み》につくのかどうか、自信《じしん》がなかったのです。そこで孔子《こうし》は子路《しろ》にアドバイスしました。

「子路《しろ》よ、仁《じん》を理解《りかい》する上で、ここに六つの基本的《きほんてき》な教訓《きょうくん》があるのだよ、聞いたことはあるかね」。子路《しろ》は答えました。「六つの教訓《きょうくん》ですか、聞いたことはないですが、それはどのような教訓《きょうくん》ですか」。子路《しろ》は目を輝《かがや》かせて聞きました。

「まず一つ目は、真剣《しんけん》に学ぶことです。仁《じん》の心を究《きわ》めようとしても、人類《じんるい》の英知《えいち》や人類《じんるい》の歴史《れきし》を学ぶことを疎《おろそ》かにすると、その結果《けっか》は目に見えています。自分《じぶん》が愚《おろ》か者《もの》になるということです。学ばずに仁《じん》の心が身《み》につくなど、あり得《え》ないのです」

「二つ目は、謙虚《けんきょ》に人の話に耳を傾《かたむ》けること。自分《じぶん》の判断《はんだん》のみに頼《たよ》って、他者《たしゃ》の意見《いけん》を聞かなかったり、過去《かこ》の歴史《れきし》を学ぶことを疎《おろそ》かにすると、間違《まちが》いを犯《おか》すことになるということです。人の話に謙虚《けんきょ》に耳を傾《かたむ》け、素直《すなお》に学ぶことで、難《むずか》しい問題《もんだい》に直面《ちょくめん》しても、最良《さいりょう》の判断《はんだん》ができるようになるものです」

「三つ目は、人からの信頼《しんらい》のみに頼《たよ》らないことです。信頼《しんらい》されているから万事大丈夫《ばんじだいじょうぶ》だと安心して、努力《どりょく》することを怠《おこた》り、学ぶことをやめてしまえば、いつかはその信頼《しんらい》をなくすものです。たとえ人から信頼《しんらい》されていたとしても、やはり謙虚《けんきょ》な姿勢《しせい》で、つねに努力《どりょく》する必要《ひつよう》があるということです」

「四つ目は、かたくなに筋《すじ》の通《とお》った正《ただ》しいことを押《お》し通《とお》そうとしないこと。正義感《せいぎかん》は大事《だいじ》です。正《ただ》しいことにこだわることも必要《ひつよう》です。しかし、あまりに自分《じぶん》に厳《きび》しく、筋《すじ》の通《とお》ったことにこだわりすぎると、人に対《たい》しても優《やさ》しくなれないものです。自分《じぶん》だけでなく、家族や友人にも完璧《かんぺき》さを求めるあまり、人に冷《つめ》たく、厳《きび》しく接《せっ》するようになってしまいます。そして、自分自身《じぶんじしん》も、自由《じゆう》な行動《こうどう》や自由《じゆう》な発想《はっそう》ができなくなってしまい、みずからの人生《じんせい》を縛《しば》ることになってしまうのです」

「五つ目は、勇気《ゆうき》の害《がい》です。子路《しろ》には勇気《ゆうき》があります。勇気《ゆうき》があるのはすばらしいことです。しかし、よく考《かんが》えもせずに、ただ勇気《ゆうき》だけで突《つ》き進《すす》むと、周囲《しゅうい》に迷惑《めいわく》をかけるだけで、かえって喧嘩《けんか》になったり、混乱《こんらん》や戦争《せんそう》を引《ひ》き起《お》こすことになるものです。勇気《ゆうき》とともに、慎重《しんちょう》さや謙虚《けんきょ》さも必要《ひつよう》なのです」

「六つ目の教訓《きょうくん》は、自分《じぶん》の意思《いし》にこだわりすぎないこと。強《つよ》い意思《いし》を持つことは大事《だいじ》です。立派《りっぱ》な人はみな、強《つよ》い意思《いし》を持っているものです。しかし、強《つよ》い意思《いし》も大事《だいじ》だけれど、あまりに、かたくなになって、自分《じぶん》の考《かんが》え方《かた》や、自分《じぶん》の意見《いけん》ばかりにこだわると、家族や友達、周囲《しゅうい》の人の考《かんが》え方《かた》を理解《りかい》しようとしなくなり、常識《じょうしき》から外《はず》れてしまうこともあるのです。自分《じぶん》の意思《いし》を大事《だいじ》にしながらも、みんなの意見《いけん》にも耳を傾《かたむ》けることが大切《たいせつ》なのです」

子路《しろ》は、孔子《こうし》からこの六つの教訓《きょうくん》を聞いて心から感動《かんどう》し、自分《じぶん》の性格《せいかく》にぴったりなこの教えを日々《ひび》の生活《せいかつ》の中で実践《じっせん》することにしました。

仁《じん》の心

孔子《こうし》の教えは、たくさんの人々《ひとびと》に伝《つた》えられ、毎日《まいにち》のように弟子《でし》が増《ふ》えていきました。そして、ついに三千人になりました。孔子《こうし》は、三千人の弟子《でし》たちと、議論《ぎろん》し、旅《たび》を続《つづ》けながら、仁《じん》の本質《ほんしつ》について語《かた》りました。

「人にとって仁《じん》の心は目に見えないものです。しかし、たとえば私たちの生活《せいかつ》を支えている水《みず》や火《ひ》といった目に見えるものよりも、その価値《かち》ははるかに重要《じゅうよう》なのです。水《みず》がなくては、私たちは喉《のど》が渇《かわ》いて生《い》きていけません。そして火《ひ》がなくては、寒《さむ》い冬《ふゆ》を乗《の》り越《こ》えることはできないし、温《あたた》かい食事《しょくじ》を作ることもできません。しかし、水《みず》や火《ひ》は、私たちの生活《せいかつ》を支えてくれる反面《はんめん》、同時《どうじ》に、私たちに害《がい》を及《およ》ぼしたりもします。たとえば、水《みず》は洪水《こうずい》をもたらしたり、川や海で遊んで泳《およ》いでいるときに、溺《おぼ》

れてしまったりします。火《ひ》は、火災《かさい》を引《ひ》き起《お》こしたりして、人が死んでしまったりもします。水《みず》や火《ひ》は、その上手《じょうず》な使《つか》い方《かた》を身《み》につけたとしても、災害《さいがい》をもたらしたりします。しかし仁《じん》の心を身《み》につけようと努力《どりょく》して、死んだ人はいないのです」

孔子《こうし》の一行《いっこう》が、旅《たび》を終えて、故郷《こきょう》である魯《ろ》の国に到着《とうちゃく》した時、その知らせを聞いた魯《ろ》の国の王様《おうさま》は、すぐに孔子《こうし》に会いたいと申《もう》され、使《つか》いを出しました。孔子《こうし》の教えはますます広く伝《つた》わっており、王様《おうさま》は孔子《こうし》が帰国《きこく》するのを首《くび》を長《なが》くして待《ま》っていたのでした

孔子《こうし》は、故郷《こきょう》に到着《とうちゃく》してすぐに、地元《じもと》の人々《ひとびと》の様子《ようす》をつぶさに見てまわりました。そして気がついたことがありました。人々《ひとびと》は以前《いぜん》と比《くら》べて警戒心《けいかいしん》が強《つよ》くなっており、見知《みし》らぬ人とは、かかわらないような他人行儀《たにんぎょうぎ》な雰囲気《ふんいき》を感じたのでした。どうやら、泥棒《どろぼう》などの犯罪《はんざい》も多くなっているようでした。

孔子《こうし》は王様《おうさま》からの招待《しょうたい》を快《こころよ》く受《う》けて、王様《おうさま》に会いに行きました。王様《おうさま》は、孔子《こうし》に会うと、ぜひ聞きたいことがあると申《もう》され、「我《わ》が国の人々《ひとびと》は、なかなか言うことを聞いてくれないし、法律《ほうりつ》も守《まも》ってくれない。泥棒《どろぼう》などの犯罪者《はんざいしゃ》も増《ふ》えている。いったいどうしたら人々《ひとびと》は、規律正《きりつただ》しくなり、法律《ほうりつ》を守《まも》ってくれるようになるのだろうか」と孔子《こうし》に聞いてみました。すると孔子《こうし》は答えました。

「王様《おうさま》のもとには、たくさんの家来《けらい》たちがいます。その者《もの》たちが、人々《ひとびと》の模範《もはん》となり、人々《ひとびと》の生活《せいかつ》を律《りっ》し、人々《ひとびと》を正《ただ》しい方向《ほうこう》へと導《みちび》くのです。したがって、王様《おうさま》の家来《けらい》たちは、人々《ひとびと》の模範《もはん》にならなければなりません。思いやりの仁《じん》の心を持った、人として正《ただ》しいことが実践《じっせん》できる正義感《せいぎかん》のある家来《けらい》たちを引《ひ》き立てて、その者《もの》たちに国を治《おさ》めさせれば、人々《ひとびと》は、尊敬《そんけい》し、つき従《したが》うでしょう。逆《ぎゃく》に、思いやりのない、悪《わる》い心を持った家来《けらい》を引《ひ》き立ててしまうと、人々《ひとびと》は、その家来《けらい》の言うことは聞かず、国そのものも尊敬《そんけい》しなくなってしまうのです」

王様《おうさま》は、孔子《こうし》の言わんとすることがよくわかり、その後は、家来《けらい》たちを注意深《ちゅういぶか》く観察《かんさつ》し、家来《けらい》の中でも、特に思いやりの心を持った者《もの》たちを引《ひ》き立てて、重要《じゅうよう》な地位《ちい》においたところ、犯罪《はんざい》は徐々《じょじょ》に減《へ》り、人々《ひとびと》は安心して暮《く》らせるようになったのでした。

十四年にわたる長い旅《たび》を終えた孔子《こうし》は、弟子《でし》たちに言いました。

「何はともあれ、言葉や態度《たいど》はつねに謙虚《けんきょ》で控《ひか》えめなことが大事《だいじ》だな。そして、おおらかで優《やさ》しい心を持ち続《つづ》けること。おおらかで優《やさ》しい心を持つと、人々《ひとびと》から愛《あい》されるものだ。誠実《せいじつ》さと正直《しょうじき》さによって人から信頼《しんらい》されるように努力《どりょく》すること。嘘《うそ》をつくのは一番《いちばん》良くないことだ。そして、言葉だけでなく実際《じっさい》に体験《たいけん》するための勇気《ゆうき》と行動力《こうどうりょく》を持つこと。自分《じぶん》が金銭的《きんせんてき》に成功《せいこう》したとしても、それを自分《じぶん》のためだけに使《つか》うのではなく、困《こま》っている人や、世《よ》の中をより良くするために、できるだけ、その富《とみ》を他者《たしゃ》に分け与えること。これらの五つのことが実践《じっせん》できれば、必ず仁《じん》の心が身《み》につくはずです。人として正《ただ》しい道《みち》を志《こころざ》し、身《み》につけた徳《とく》を実践《じっせん》し、仁《じん》の気持ちを大切《たいせつ》にしながら、自分《じぶん》の教養《きょうよう》を高めていくのが理想《りそう》の生き方《かた》だ」

「わたしは十五歳で学問《がくもん》の道《みち》を志《こころざ》しました。三十歳で念願《ねんがん》だった塾《じゅく》を開《ひら》き、生徒《せいと》を集《あつ》め、一人前《いちにんまえ》の大人《おとな》として人生《じんせい》を歩《あゆ》み始めました。四十歳の時には、迷《まよ》うこともなくなり、仁《じん》の道《みち》を究《きわ》めることに、ゆるぎのない自信《じしん》と信念《しんねん》を持つにいたりました。五十歳で天《てん》から与えられた使命《しめい》だと感じるようにすらなったのです。六十歳になってからは、人からの意見《いけん》や周囲《しゅうい》の声にも、素直《すなお》に耳を傾《かたむ》けられるようになりました。そして七十歳になって、自分《じぶん》の思うままに自由《じゆう》に振《ふ》る舞《ま》っても、若《わか》い頃《ころ》と違《ちが》って、人に迷惑《めいわく》をかけたり、行きすぎたり、一線《いっせん》を越《こ》えるようなことがなくなったのです」

「世間《せけん》では、私のことを聖人《せいじん》とか、まさに仁《じん》の心を持つ人だと呼んでいます。しかし、私は、まだまだそこには至《いた》っておらず、聖人《せいじん》はおろか、仁《じん》の心を究《きわ》めるには至《いた》っていないし、自分自身《じぶんじしん》に満足《まんぞく》してはいないのです。しかし、聖人《せいじん》を目指《めざ》し、仁《じん》の心を究《きわ》めたいと願って、つねに学び、つねに努力《どりょく》してきました。そして、学んできたことを、周囲《しゅうい》の人たちに教えてきただけなのです」

「このように話すと、仁《じん》というのは、とても遠《とお》くにあって手が届《とど》かないように思うかもしれないけれど、しかし、まったくそんなことはないのです。自分《じぶん》が人徳者《じんとくしゃ》になろうと志《こころざ》して、徳《とく》を磨《みが》く努力《どりょく》さえ怠《おこた》らなければ、それはすぐに実現《じつげん》できるものなのです。自分《じぶん》がそうなろうと思うかどうか、徳《とく》を磨《みが》こうと思うかどうかだけなのです。すべては自分《じぶん》の気持ち次第《しだい》なのです」

孟子《もうし》の母《はは》

それから百年たちました。同じ中国《ちゅうごく》に、孟子《もうし》という先生がいました。孟子《もうし》は教え子たちから、とても尊敬《そんけい》されていました。なぜなら、孟子《もうし》はたくさんの国の王様達《おうさまたち》

からも尊敬されていて、王様《おうさま》たちにアドバイスする先生でもあったからです。

孟子《もうし》が尊敬《そんけい》され、そのような立派《りっぱ》な先生になれたのは、孟子《もうし》の母が愛情深《あいじょうぶか》く孟子《もうし》を育てたからでした。孟子《もうし》の母がいかに愛情深《あいじょうぶか》く孟子《もうし》を育てたか、その逸話《いつわ》が語《かた》り継《つ》がれています。

孟子《もうし》は子供の頃、亡くなった人が埋葬《まいそう》されている墓地《ぼち》の近くに住んでいたそうです。その地でしばらく生活《せいかつ》していると、幼《おさな》い孟子《もうし》は、お葬式《そうしき》ごっこをして遊ぶようになりました。墓地《ぼち》では、毎日のように亡くなった人を埋葬《まいそう》するお葬式《そうしき》が行われていて、孟子《もうし》はそのお葬式《そうしき》を間近《まぢか》で見ていて、自然《しぜん》と真似《まね》するようになってしまったのです。

その姿《すがた》を見た母は、ここは子供を育てるのにふさわしい場所《ばしょ》ではないと考《かんが》えました。幼《おさな》い子供にお葬式《そうしき》の真似《まね》などして欲しくなかったのです。そして意《い》を決《けっ》して引《ひ》っ越《こ》しをしました。引《ひ》っ越《こ》した先は、商売《しょうばい》が盛《さか》んな街《まち》でした。その街《まち》で生活《せいかつ》を続《つづ》けていると、幼《おさな》い孟子《もうし》は、お葬式《そうしき》ごっこはしなくなりましたが、今度《こんど》は商売人《しょうばいにん》の真似《まね》

をして遊ぶようになりました。街中《まちなか》では、商売人《しょうばいにん》たちが、ひと儲けしようと、毎日《まいにち》のようにかけひきを繰《く》り返《かえ》していました。孟子《もうし》はその商売人《しょうばいにん》たちがかけひきする姿《すがた》

を、見よう見まねで真似《まね》をしていたのです。

孟子《もうし》が、口達者《くちだっしゃ》な商売人《しょうばいにん》に扮《ふん》してお金《かね》を儲《もう》けようとする姿《すがた》を見て、母は残念《ざんねん》な気持ちになりました。幼《おさな》い頃《ころ》からお金《かね》を儲《もう》けることばかり考えて欲しくなかったのです。ここも、孟子《もうし》が学ぶ場所《ばしょ》としてふさわしい場所《ばしょ》ではないと考《かんが》えて、再び引《ひ》っ越《こ》しをしました。

次に引《ひ》っ越《こ》した先は、学校の近くでした。その学校では、立派《りっぱ》な先生が生徒たちに挨拶《あいさつ》の仕方《しかた》や礼儀作法《れいぎさほう》を教えており、生徒たちも規律正《きりつただ》しく大変熱心《たいへんねっしん》に学んでいました。その学校の近くで生活《せいかつ》を始めたところ、やがて幼《おさな》い孟子《もうし》も、挨拶《あいさつ》をしたり、丁寧《ていねい》な礼儀作法《れいぎさほう》を真似《まね》したりして遊ぶようになったのでした。

母は思いました。我《わ》が子が住む場所《ばしょ》として、学ぶ場所《ばしょ》として、最もふさわしい場所《ばしょ》にやっとたどり着いた。ここが理想《りそう》の場所《ばしょ》だと。こうして孟子《もうし》は学校の近くで生活《せいかつ》することで、学ぶことの楽しさを自然《しぜん》に覚《おぼ》え、大人《おとな》として成長《せいちょう》したのちに、立派《りっぱ》な先生になったのでした。

義《ぎ》の心

孟子《もうし》が何よりも多くの時間《じかん》をさいて勉強したのが、百年前に孔子《こうし》が弟子《でし》たちに説《と》いた「仁《じん》」の教えでした。孟子《もうし》は、孔子《こうし》の「仁《じん》」の教えを学び、そのすばらしさに引《ひ》きつけられました。孟子《もうし》が生きていた時代《じだい》も、孔子《こうし》と同じく戦争《せんそう》がやまない不幸《ふこう》な時代《じだい》でした。孟子《もうし》は孔子《こうし》の教えを学びながら、孔子《こうし》と同じ確信《かくしん》を持ちました。仁《じん》の深い思いやりの心を身《み》につけることで徳《とく》が磨《みが》かれ、立派《りっぱ》な人徳者《じんとくしゃ》になることができる。たとえば王様《おうさま》も、仁《じん》の心を磨《みが》き、深い愛情《あいじょう》を持つことができれば、自然《しぜん》とそのような優《やさ》しい王様《おうさま》に敵対《てきたい》する人もいなくなり、みんなが平和《へいわ》な心を持ち、争《あらそ》いや戦争《せんそう》もなくなっていくはずだ。孟子《もうし》もまた孔子《こうし》と同じように、そう確信《かくしん》したのです。

孔子《こうし》の残した教えを学べば学ぶほど、その確信《かくしん》が深まっていきました。そして、孔子《こうし》を我《わ》が心の師匠《ししょう》と仰《あお》ぎ、仁《じん》の教えをより深く学び、さらに徳《とく》を高める方法《ほうほう》を探究《たんきゅう》することにしたのです。

孟子《もうし》は人として正《ただ》しい心を持つこと、すなわち正義感《せいぎかん》について考《かんが》えていました。人徳者《じんとくしゃ》には、思いやりの心とともに、正義感《せいぎかん》があるはずだと考《かんが》えたのです。正義感《せいぎかん》とは、悪《あく》と正反対《せいはんたい》にある人としての正《ただ》しい心のこと。ではそのような心とはどうあるべきか。人として正《ただ》しい行いとはどういう行いのことを指すのか。孟子《もうし》は身近《みぢか》なところから正義《せいぎ》を見出《みいだ》そうとしました。友達との約束《やくそく》を守《まも》る。人から助けてもらったら、その恩返《おんがえ》しをする。そのような義理《ぎり》がたい気持ちを持つことが、人としての正《ただ》しさの基本《きほん》なのではないかと思い至《いた》りました。そして困《こま》っている人や、弱《よわ》っている人を見かけたら、助けてあげる。そのような人情《にんじょう》もまた、人としての大切《たいせつ》な心だと考《かんが》えました。道端《みちばた》にゴミを見つけたら拾《ひろ》う。そのような日常生活《にちじょうせいかつ》の、ささいな行いの中にも、人としての大切《たいせつ》な正義感《せいぎかん》を見出《みいだ》したのでした。このような人としての正《ただ》しさをひとことで言い表《あらわ》すと、それは「義《ぎ》」であると悟《さと》りました。

孟子《もうし》は弟子《でし》たちに話しました。「たとえば、子供が井戸《いど》に落ちそうになっているのを見たら、誰《だれ》しも助けようという気持ちになるものです。それは誰《だれ》かに教わって、そのような気持ちになるわけではありません。子供を助けたことをきっかけに、その子供の両親《りょうしん》と親しくなるために助けるわけでもありません。誰《だれ》かに褒《ほ》めてもらおうとして助けるわけでもありません。もし井戸《いど》に落ちていくのを助けずにだまって見ていたとして、そのような冷《つめ》たい態度《たいど》を人から責《せ》められるのが嫌《いや》だから助けるというものでもないのです。人として正《ただ》しい行いをすることは、持って生まれた人の自然《しぜん》な本能《ほんのう》なのです。自然《しぜん》に湧《わ》き上がってくる善良《ぜんりょう》な気持ちなのです」

弟子《でし》は続《つづ》けて孟子《もうし》に聞きました。「徳《とく》のある立派《りっぱ》な人には、何より勇気《ゆうき》が必要《ひつよう》だと

思うのですが、先生はどのように考《かんが》えますでしょうか」

孟子《もうし》は答えました。

「師である孔子《こうし》は、私たちに次のように教えてくださっています。徳《とく》のある人は、もちろん勇気《ゆうき》があるものです。しかしそれ以上《いじょう》に、人として正《ただ》しいことを行うことを大事《だいじ》に考《かんが》えているものです。人として正《ただ》しいことをしなければならない時に、そうしないのは、その方が勇気《ゆうき》のないことです。人徳者《じんとくしゃ》といえども、勇気《ゆうき》だけあって、人として正《ただ》しいことができなければ、争《あらそ》いごとを引《ひ》き起《お》こすことになるものです。また、勇気《ゆうき》だけは一人前《いちにんまえ》でも、人として正《ただ》しい気持ちがなければ、泥棒《どろぼう》にすらなってしまうかもしれないのです。それほどまでに、人としての正《ただ》しさを身《み》につけることや、その正《ただ》しさを実行《じっこう》することが、大切《たいせつ》なのです」

欲深《よくぶか》い王様《おうさま》

孟子《もうし》は梁《りょう》という国をおとずれました。梁《りょう》の国の王様《おうさま》は、とても欲深《よくぶか》いことで知られていました。その王様《おうさま》は、訪ねてきた孟子《もうし》に聞きました。「先生には、はるばる遠いところから我《わ》が国にお越《こ》しいただき、大変《たいへん》ありがたく思っておりますが、何か、この国にとって、利益《りえき》になるような有益《ゆうえき》なお話でもあるのでしょうか」

その王様《おうさま》は、孟子《もうし》がわざわざ遠くから訪ねてきたので、さぞや、欲《よく》の深い王様《おうさま》が喜《よろこ》ぶような、お金《かね》がたくさん儲《もう》かる話を持ってきたに違《ちが》いないと思ったのです。

孟子《もうし》は王様《おうさま》に率直《そっちょく》に言いました。

「王様《おうさま》はどうして利益《りえき》になるような話を持ってきたのかなどと聞かれるのでしょうか。国を正《ただ》しく治《おさ》め、戦争《せんそう》や貧困《ひんこん》を無《な》くし、良い国を作るには、ただただ仁《じん》と義《ぎ》だけが必要《ひつよう》なのです。思いやりの心と、人として正《ただ》しい行いこそが、いい国を作ります。王様《おうさま》が利益《りえき》ばかりを求めるようになると、その家臣《かしん》も、利益《りえき》を求めるようにな

るものです。

そして、そんな王様《おうさま》や家臣《かしん》を見てしまうと、その国民《こくみん》も同じように自分《じぶん》の利益《りえき》にな

ることしか考《かんが》えなくなってしまいます。王様《おうさま》が思うことや、王様《おうさま》が行うことを、みんなが真似《まね》をするものなのです。この国のみんなが自分《じぶん》の利益《りえき》のことばかり考《かんが》える

ようになってしまうと、みなが他人《たにん》の利益《りえき》を奪《うば》い合うようになって争《あらそ》いが起《お》こります。そして、ついには王様《おうさま》の富《とみ》まで奪《うば》おうとする者《もの》が現《あらわ》れて、王様《おうさま》も殺《ころ》されるかもしれません。

そうなったら、国が滅《ほろ》びてしまいますよ。人として正《ただ》しいことを行わず、義《ぎ》を後回《あとまわ》しにして、利益《りえき》ばかりを追《お》い求《もと》めようとすれば、いつまでたっても、争《あらそ》いの絶《た》えない国になってしまいます。お金《かね》のことなどは考《かんが》えず、利益《りえき》は後回《あとまわ》しにすべきなのです。利益《りえき》よりも何よりも先に、人として正《ただ》しいことを実行《じっこう》するべきです。そうすれば、みなが正《ただ》しいことをするようになり、利益《りえき》は、あとから自然《しぜん》についてくるはずです」

正直《しょうじき》さとは

孟子《もうし》は、師匠《ししょう》の孔子《こうし》が、ある村を通《とお》りかかった時のことを弟子《でし》たちに話しました。その村の村長《そんちょう》は、さまざまな国を旅《たび》しながら仁《じん》の大切《たいせつ》さを説《と》いて回《まわ》っている孔子《こうし》にたいして、自分《じぶん》の村がいかに優《すぐ》れているかを、自慢《じまん》げに話しました。

「私の村では、法律《ほうりつ》を守《まも》るように、常日頃《つねひごろ》から厳《きび》しく指導《しどう》しています。その甲斐《かい》あって、人々《ひとびと》はみな、嘘《うそ》をつかず、正直者《しょうじきもの》になり、みながしっかりと法律《ほうりつ》を守《まも》るようになりました」

「先日も、とても正直《しょうじき》な子供が役所《やくしょ》に来ました。そして、親の罪《つみ》を正直《しょうじき》に告白《こくはく》した

のです。じつは、その子は父親が羊《ひつじ》を盗《ぬす》むのを見てしまったのです」
「その子供は自分《じぶん》の父親が犯人《はんにん》であるということを、隠《かく》すことなく、正直《しょうじき》に申《もう》し出て

きて、嘘《うそ》をつかずに法律《ほうりつ》をしっかり守《まも》ったのです。じつに立派《りっぱ》な子供で、とても誇《ほこ》らしく思っています。私の村には、それほど正直《しょうじき》な子供がいるのですよ」

この話を聞いた孔子《こうし》は、その村長《そんちょう》に言いました。

「自分《じぶん》の村では、そのような子供を正直者《しょうじきもの》とは言いません」

「たとえば、親なら誰《だれ》しも自分《じぶん》の子供をかばおうとするものです。子供が罪を犯《おか》してしまったら、なんとか助けてあげたいと思うのが自然《しぜん》な親心《おやごころ》というものではないですか」
「同じように、子供もまた、自分《じぶん》の親の犯《おか》した罪《つみ》を隠《かく》そうとするものです。それが

自然《しぜん》に湧《わ》き出る親への愛情《あいじょう》ではないでしょうか。親が子を思う気持ち、子が親を思う気持ちに変わりはありません。人としての素直《すなお》な気持ちや、思いやりのある純粋《じゅんすい》

な正直《しょうじき》さというのは、そうあるべきだと私は思います」

村長《そんちょう》は、孔子《こうし》の言うことがもっともだと思い返し、深く恥《は》じて反省《はんせい》し、厳《きび》しく法律《ほうりつ》を守《まも》らせることだけを考《かんが》えてきた自分《じぶん》の浅《あさ》はかな考《かんが》えを改《あらた》めることにしたのでした。

礼《れい》とは

孟子《もうし》は仁《じん》と義《ぎ》を探究《たんきゅう》し、思いやりの心と、人としての正《ただ》しさが徳《とく》を高めることに確信《かくしん》を持ちました。そして、その仁義《じんぎ》を日常《にちじょう》の生活《せいかつ》の中で、どのように実践《じっせん》するかを考《かんが》えました。思いだけで行動《こうどう》が伴《ともな》わなければ、徳《とく》を身《み》につけたとは言えないと思ったからでした。そして、どのような行動《こうどう》をすれば、仁義《じんぎ》の徳《とく》が身《み》についたと言えるのかを研究《けんきゅう》したのです。孟子《もうし》は、まずは、みずからを律《りっ》することが、その基本《きほん》だと考《かんが》えました。人と会ったら、おじぎをして、挨拶《あいさつ》ができること。そのような礼儀《れいぎ》正《ただ》しい振《ふ》る舞《ま》いが身《み》についてこそ、仁義《じんぎ》を実践《じっせん》していると言えるのではないかと思い至《いた》りました。そして、そのような礼儀礼節《れいぎれいせつ》には、謙虚《けんきょ》な心がなければならないことに気がついたのでした。謙虚《けんきょ》な気持ちが謙虚《けんきょ》な姿勢《しせい》となり、それが礼儀《れいぎ》正《ただ》しい振《ふ》る舞《ま》いとなる。いつも学校で、勉強を教えてくれる先生や、家でごはんを作ってくれたり、遊んでくれるお父さんやお母さんに、「ありがとうございます」と自然《しぜん》な気持ちで感謝《かんしゃ》すること。その謙虚《けんきょ》な感謝《かんしゃ》の気持ちこそが、礼儀作法《れいぎさほう》となる。このような謙虚《けんきょ》な態度《たいど》や行いのことを、ひとことで言うと「礼《れい》」なのだと思い至《いた》りました。

孟子《もうし》はマナーとしての礼《れい》についても、弟子《でし》に説明《せつめい》しました。

「ある時、師である孔子《こうし》のもとに、目の見えない客人《きゃくじん》がたずねてきました。そこで孔子《こうし》は、その客人《きゃくじん》を家の中に案内《あんない》しました。階段《かいだん》に近づくと、すかさず『目の前に階段《かいだん》がありますよ』と客人《きゃくじん》に声をかけて、つまずかないように、注意《ちゅうい》を促《うなが》しました。
その客人《きゃくじん》が椅子《いす》に近づくと、今度《こんど》は『ここに椅子《いす》がありますよ』と声をかけて客人《きゃくじん》

を椅子《いす》まで導《みちび》きました。

その場にいたみなが椅子《いす》に座《すわ》ると、すかさず孔子《こうし》は『ここには弟子《でし》の誰《だれ》それがい

ます。あそこには誰《だれ》それがいます』とその場に一緒《いっしょ》に座《すわ》っている一人一人を、座《すわ》っている位置《いち》がわかるように、丁寧《ていねい》に紹介《しょうかい》しました。孔子《こうし》のおかげで、目が見えない客人《きゃくじん》も、誰《だれ》がどこにいるのか、すぐにわかりました。

そのお客様《きゃくさま》が帰《かえ》った後に、弟子《でし》が孔子《こうし》に聞いたのです。『そのように細《こま》やかに接《せっ》するのが、礼《れい》というものなのでしょうか』と。孔子《こうし》は言いました。『そう、その通《とお》りです。正《ただ》しい礼儀作法《れいぎさほう》というのは、ただ単《たん》に、決《き》まったルールを正《ただ》しく正確《せいかく》に行うというのではなく、相手《あいて》への目に見えないような細《こま》やかな気配《きくば》りと思いやりのことを言うのです』」

仁義礼智《じんぎれいち》

孟子《もうし》は人徳者《じんとくしゃ》が身《み》につけるべき、正《ただ》しい判断力《はんだんりょく》について思いをめぐらせていました。善《ぜん》と悪《あく》の正《ただ》しい判断《はんだん》ができなければ、人として正《ただ》しい行いもできはしない。義《ぎ》を実践《じっせん》するにあたっては、その背後《はいご》に、正《ただ》しい判断力《はんだんりょく》が備《そな》わっている必要《ひつよう》がある。孟子《もうし》はそう考《かんが》えたのでした。

判断力《はんだんりょく》とは、正《ただ》しいことか、間違《まちが》っていることかの違《ちが》いがわかること。たくさん勉強して、いろいろな経験《けいけん》をして、智恵《ちえ》を身《み》につけて賢《かしこ》くなると、正《ただ》しいことか間違《まちが》っていることかの違《ちが》いがわかるようになる。その違《ちが》いがわかるようになったら、正《ただ》しいことをして、間違《まちが》ったことをしないこと。正《ただ》しいことか間違《まちが》っていることかの、違《ちが》いがわかることを、ひとことで言い表《あらわ》すと智恵《ちえ》の「智《ち》」であると悟《さと》りました。

「智」は、最良《さいりょう》の判断《はんだん》を下すために必要な徳であり、間違《まちが》った判断《はんだん》をして大きな失敗《しっぱい》をしないためにも、身につけておくべき大切な徳であると考えました。

孟子《もうし》は弟子たちに、孔子《こうし》の旅を話して聞かせました。

孔子《こうし》たち一行が魯《ろ》の国を訪れたときのことです。魯《ろ》の国の王様を祀《まつ》った聖廟《せいびょう》を見学していると、とても奇妙《きみょう》なものを見つけました。水が入ったお風呂のようなものの上にバケツのような形の器が吊るしてあるのです。その器は斜《なな》めに傾《かたむ》いていました。孔子《こうし》が、この器はなんですかと管理人《かんりにん》に問いかけると、「これは宥座《ゆうざ》の器《き》といい

ます。宥座《ゆうざ》とは、身近なところに置いて自分自身を戒《いさ》めるという意味です」と答えました。孔子《こうし》は感慨《かんがい》深げに言いました。

「話には聞いて知っていました。器の中に何も入っていないと傾《かたむ》いていて、ほどほどの量の水を入れると器が垂直《すいちょく》の正しい位置《いち》になり、入れすぎてしまうと器が真っ逆さまになって水が全部あふれてしまう。これがあの有名な宥座《ゆうざ》の器《き》なのですね」

孔子《こうし》は、その場にいた子路《しろ》に試しに水を入れてみるように促《うなが》しました。孔子《こうし》の説明を聞いて、興味《きょうみ》がわいた子路《しろ》は、水を汲《く》んで器に注ぎました。すると、孔子《こうし》の説明の通り、水を注げば注ぐほど、器は垂直《すいちょく》になっていきました。

ちょうど正しい位置《いち》になったところで、さらにもう少しと子路《しろ》が欲張《よくば》って水を入れると、器はひっくり返って、水が音を立ててあふれてしまいました。器は空になって元の傾《かたむ》いた状態《じょうたい》に戻りました。

孔子《こうし》はその様子を見ていて言いました。「子路《しろ》よ、ほどほどが肝心《かんじん》なのだよ、ほどほどが。何事も欲張ってすべてを欲しがると、すべてを失うことになる」

まわりの弟子たちも感心して聞いていました。

子路《しろ》はがっかりしたものの、食い下がって孔子《こうし》に聞きました。

「器をひっくり返さずに、満杯《まんぱい》にしたままにできないものでしょうか」

孔子《こうし》は答えました。

「聡明《そうめい》で、かしこくて、すばらしく智恵《ちえ》のある人は、自分の聡明《そうめい》さに慢心《まんしん》することはなく、むしろつねに自分は無知《むち》であり、愚《おろ》かなのだと自覚《じかく》することで、努力を怠らないようにして、その聡明《そうめい》さを維持《いじ》し続けるのです。

世の中でとても成功して大きな功績《こうせき》を残した人は、あえて、その功績《こうせき》を誰か他の人に譲《ゆず》ったりすることで、名声《めいせい》に溺《おぼ》れないようにするものです。世の中に響《ひび》き渡るほどの権力《けんりょく》を持っている人は、その権力《けんりょく》とは反対に、自分の弱さや臆病《おくびょう》さを自覚《じかく》することで、その力に頼《たよ》りすぎないように努力するものです。世界中《せかいじゅう》の富《とみ》を持つほどの大金持ちになった人は、その富《とみ》を自慢《じまん》したり、見せびらかしたりしないものです。むしろ、とても控《ひか》えめになり、謙虚《けんきょ》な姿勢《しせい》で人と接したりするものです。そのようにして、満ち足りた状態《じょうたい》を、さらに増《ふ》やそうなどとせず、あえて減《へ》らす方を選ぶのです。そうすることで、すべてを失うことをふせぎ、もっとも良い状態《じょうたい》を保《たも》つことができるのです」

孟子《もうし》は弟子たちに言いました。「この話から分かるのは、欲張《よくば》って多くを求めすぎないこと。なにごとも、ほどほどを見極《みきわ》める判断力《はんだんりょく》を身につけて実践《じっせん》すること。それこそがまさしく智恵《ちえ》と言えるでしょう」

「仁義礼智《じんぎれいち》」の四つの徳《とく》を身につけようと努《つと》める人は、いずれ必《かなら》ず人徳者《じんとくしゃ》となり、人から慕《した》われ、尊敬《そんけい》され、世《よ》の中にとって大事《だいじ》な仕事《しごと》を任《まか》されるようになる。こうして、孟子《もうし》は「仁義礼智《じんぎれいち》」という四つの教えを完成《かんせい》させ、自分《じぶん》の弟子《でし》たちを通じて世《よ》の中に広めたのでした。

五常《ごじょう》の教え

それから二百年がたちました。同じ中国《ちゅうごく》に、董仲舒《とうちゅうじょ》という先生がいました。董仲舒《とうちゅうじょ》は、孔子《こうし》の「仁《じん》」の教えと、孟子《もうし》の「義《ぎ》」「礼《れい》」「智《ち》」の教えをうけついで、これらの教えを熱心《ねっしん》に学ぶかたわら、この世界《せかい》を形作《かたちづく》っている物《もの》や人や動物《どうぶつ》、天候《てんこう》の変化《へんか》や春夏秋冬《しゅんかしゅうとう》といった季節《きせつ》や、植物《しょくぶつ》の成長《せいちょう》などの自然現象《しぜんげんしょう》について研究《けんきゅう》していました。

董仲舒《とうちゅうじょ》は、自然《しぜん》の中で起《お》こっていることのすべてに、何か一貫《いっかん》するような法則《ほうそく》や、共通性《きょうつうせい》、規則性《きそくせい》のようなものがあるのではないかと考《かんが》えて、日夜研究《にちやけんきゅう》に研究《けんきゅう》を重《かさ》ね、それを見出《みいだ》そうとしていました。

董仲舒《とうちゅうじょ》は、とても熱心《ねっしん》な勉強家《べんきょうか》として知られ、長時間《ちょうじかん》にわたって家の中で机《つくえ》に座《すわ》

って本を読み、長い時には、三年間も外に出ることなく、家にこもって研究《けんきゅう》していました。あまりにも長いこと家から出てこないので、師匠《ししょう》は病気《びょうき》になってしまったのではないかと弟子《でし》たちが心配《しんぱい》するほどでした。新しく門下生《もんかせい》となった弟子《でし》たちは、その三年間は、師匠《ししょう》である董仲舒《とうちゅうじょ》の姿《すがた》を見ることすらありませんでした。

董仲舒《とうちゅうじょ》は、ものごとを完成《かんせい》させている本質《ほんしつ》は、五つの要素《ようそ》からなっていると考《かんが》えました。

たとえば、赤、青、黒、白、黄という基本の五色があれば、これらを混ぜ合わせることで、無限に様々な色を作り出すことが出来る。また人間《にんげん》の指《ゆび》は、親指《おやゆび》、人差《ひとさ》し指《ゆび》、中指《なかゆび》、薬指《くすりゆび》、小指《こゆび》という五本の指《ゆび》があり、指《ゆび》が五本あると、物《もの》を持ったり、つかんだり、書いたりするのが、とても容易《ようい》にできる。同じように、自然《しぜん》の中には、土《つち》、木《き》、火《ひ》、水《みず》、金《きん》という五つの要素《ようそ》がある。土《つち》のあるところには木《き》が生《は》える。木《き》は乾燥《かんそう》すると、火《ひ》をつけることができるし、土《つち》は降《ふ》った雨水《あまみず》を蓄《たくわ》えて、たまった水《みず》は、川《かわ》となって流れ、やがて海になる。土《つち》の中では、長い年月《ねんげつ》をかけて貴重《きちょう》な金《きん》ができる。土《つち》、木《き》、火《ひ》、水《みず》、金《きん》という五つの要素《ようそ》もまた、自然《しぜん》を作っている重要《じゅうよう》な要素《ようそ》だ。こうして董仲舒《とうちゅうじょ》は、ものごとが完成《かんせい》するには、三つや四つの要素《ようそ》では足《た》りず、すべからく五つの要素《ようそ》がそろうことが必要《ひつよう》なのではないかということに気がついたのでした。

董仲舒《とうちゅうじょ》は、自然《しぜん》の中にある五つの要素《ようそ》を研究《けんきゅう》するのと同時《どうじ》に、大雨《おおあめ》による洪水《こうずい》や、食物《しょくもつ》の不作《ふさく》、病気《びょうき》の蔓延《まんえん》や戦争《せんそう》など、わざわいや、悪《わる》いことが起《お》こるのには、何か原因《げんいん》があるのではないかと考《かんが》えていました。戦争《せんそう》ばかりしている国では、その国の国王《こくおう》や国民《こくみん》の言動《げんどう》や振《ふ》る舞《ま》いが、とても悪《わる》いと感じていました。「仁義礼智《じんぎれいち》」の心を実践《じっせん》し、日頃《ひごろ》から人として正《ただ》しい言動《げんどう》や行いをしていれば、戦争《せんそう》や災害《さいがい》も起《お》こらないのではないか。むしろ、戦争《せんそう》のない平和《へいわ》な世《よ》の中で、天気が良くなって豊作《ほうさく》になり、災害《さいがい》や病気《びょうき》もなくなるのではないかと考《かんが》えました。人と人とが争《あらそ》って喧嘩《けんか》したり、戦争《せんそう》したりするのは不幸《ふこう》です。ではなぜ喧嘩《けんか》や戦争《せんそう》になってしまうのか。それはお互《たが》いに「仁義礼智《じんぎれいち》」を修得《しゅうとく》するための、心の鍛錬《たんれん》が足《た》りないからではないか。足《た》りないからこそ、お互《たが》いにいがみ合い、喧嘩《けんか》や戦争《せんそう》になってしまうのではないか。

そんなことを考《かんが》えていた時、董仲舒《とうちゅうじょ》の頭《あたま》の中に「信頼《しんらい》」という言葉が浮《う》かんできました。人と人とが仲良《なかよ》くなる秘訣《ひけつ》は、お互《たが》いに「信頼《しんらい》し合っているかどうか」なのだ。王様《おうさま》も国民《こくみん》も、みんながお互《たが》いに嘘《うそ》をつかず、素直《すなお》に、正直《しょうじき》に、誠実《せいじつ》であれば、そこから信頼《しんらい》が生まれ、仲良《なかよ》くなり、人々《ひとびと》が幸《しあわ》せになって、国が豊《ゆた》かになるのではないかという確信《かくしん》を持つに至《いた》ったのでした。

徳《とく》を身《み》につける上で、仁《じん》、義《ぎ》、礼《れい》、智《ち》のほかに、五つ目に大切《たいせつ》なことは、人から信頼《しんらい》されること。人から信頼《しんらい》されるようになるためには、嘘《うそ》をつかないこと。人をだましたり、嘘《うそ》をついたりせず、いつも素直《すなお》で、正直《しょうじき》で、誠実《せいじつ》であること。そして、そのような素直《すなお》で正直《しょうじき》で誠実《せいじつ》で、嘘《うそ》をつかないりっぱな人になるためにも、仁《じん》、義《ぎ》、礼《れい》、智《ち》のすべてを身《み》につける必要《ひつよう》がある。思いやりの心がない人は、人から信頼《しんらい》されない。人として正《ただ》しい行いができない人や、謙虚《けんきょ》でない人も、信頼《しんらい》されない。正《ただ》しいことか、間違《まちが》っていることかのくべつがつかない人も、同じように、人から信頼《しんらい》されることはない。仁《じん》、義《ぎ》、礼《れい》、智《ち》をすべて身《み》につけると、人から信頼《しんらい》されるようになる。ひとことで言い表すと、それはすなわち「信《しん》」である。

董仲舒《とうちゅうじょ》は、この世界《せかい》を作っている五つの要素《ようそ》と同じように、人徳《じんとく》も、この五つがそろっていることで、より完全《かんぜん》なものになると確信《かくしん》したのでした。こうして仁義礼《じんぎれい》智信《ちしん》の五常《ごじょう》の教えを完成《かんせい》させたのでした。

董仲舒《とうちゅうじょ》は弟子《でし》たちに話しました。「その昔、我々《われわれ》の師《し》である孔子《こうし》は、国を治《おさ》めるために必要《ひつよう》なことは何かと問われ、『十分《じゅうぶん》な食料《しょくりょう》と、十分《じゅうぶん》な軍備《ぐんび》、そしてお互《たが》いの信頼感《しんらいかん》の三つだ』と答えられました。そして、どうしてもやむをえずに、どれか一つをすてろと言われたら、この三つのうち、どれをすてますか」と問われたところ、孔子《こうし》は『軍備《ぐんび》をすてる』と迷《まよ》わず答えたのです。さらに、『残《のこ》る二つの中で、どうしてもすてるとしたら、食料《しょくりょう》と信頼《しんらい》と、どちらをすてますか』と問われ、すかさず『食料《しょくりょう》をすてる』とお答えになりました。そして言われたのです。『軍備《ぐんび》がなければ敵《てき》に殺されてしまうかもしれない。食料《しょくりょう》がなければ飢《う》えて死んでしまうかもしれない。しかし死はいずれ、誰《だれ》にでもおとずれるものだ。だから、軍備《ぐんび》を手放《てばな》すことも、食料《しょくりょう》を手放《てばな》すことも、たいしたことではないし、さして恐《おそ》れるものではない。しかし人々《ひとびと》の信頼《しんらい》がなければ、人はまとまらないし、国を治《おさ》めることなど、できるわけがない。それほどに信頼《しんらい》は大事《だいじ》なのだ』と孔子《こうし》は教えました。私はまさに、この孔子《こうし》の教えの中に、信《しん》の尊《とおと》さを見出《みいだ》したのです」

こうして、董仲舒《とうちゅうじょ》は仁義礼智《じんぎれいち》に信《しん》を加《くわ》え、五つの教えとして完成《かんせい》させました。そしてこの五つの教えを学び実践《じっせん》し、磨《みが》き上げることで、完全《かんぜん》な徳《とく》を身《み》につけた人徳者《じんとくしゃ》になることができると考《かんが》えたのでした。

この仁《じん》、義《ぎ》、礼《れい》、智《ち》に「信《しん》」を加《くわ》えた、五つの教えである仁《じん》、義《ぎ》、礼《れい》、智《ち》、信《しん》のことを、「五常《ごじょう》の教え」と言います。この「五常《ごじょう》の教え」は、董仲舒《とうちゅうじょ》が、誰《だれ》もが等《ひと》しく、つねに心がけて学ぶべき、最《もっと》も大切《たいせつ》な徳《とく》だと考《かんが》えて、時の王様《おうさま》にその気持ちを伝《つた》えたところ、王様《おうさま》もこれに賛成《さんせい》し、中国全土《ちゅうごくぜんど》に学校を作り、その教えを広めることにしました。五常《ごじょう》の教えは、その後に朝鮮半島《ちょうせんはんとう》や、日本にも伝《つた》わってきたのでした。

あとがき

五常《ごじょう》の教えは、孔子《こうし》と孟子《もうし》、そして董仲舒《とうちゅうじょ》という三人の始祖《しそ》たちとその弟子《でし》たちによって完成《かんせい》しました。「仁《じん》」は、孔子《こうし》の弟子《でし》たちが孔子《こうし》の教えを一冊《いっさつ》にまとめた「論語《ろんご》」の中で多く語《かた》られています。また「仁義礼智《じんぎれいち》」は孟子《もうし》の弟子《でし》たちが孟子《もうし》の四端説《したんせつ》の教えなどを一冊《いっさつ》にまとめた「孟子《もうし》」の中に記されています。そして董仲舒《とうちゅうじょ》がみずから著《あらわ》した「春秋繁露《しゅんじゅうはんろ》」の中で陰陽五行説《いんようごぎょうせつ》に基《もと》づいて「仁義礼智《じんぎれいち》」に「信《しん》」を加《くわ》えて完成《かんせい》しました。本書はこの三冊をベースとしつつ、子供たちが読みやすいように物語風《ものがたりふう》にアレンジしたものです。

日本では、五常《ごじょう》の教えは、我《わ》が国最古《さいこ》の学校といわれる栃木県《とちぎけん》の足利学校《あしかががっこう》において、古来《こらい》から学び伝《つた》えられてきました。江戸時代《えどじだい》には江戸幕府《えどばくふ》を支える学問《がくもん》となり、武士《ぶし》だけでなく庶民《しょみん》も寺子屋《てらこや》などで学んでいました。五常《ごじょう》の教えにゆかりのある施設《しせつ》として、現存《げんそん》しているのは、東京都《とうきょうと》の湯島聖堂《ゆしませいどう》や岡山県《おかやまけん》の閑谷学校《しずたにがっこう》、山形県《やまがたけん》の致道館《ちどうかん》や佐賀県《さがけん》の多久聖廟《たくせいびょう》、埼玉県《さいたまけん》の五常《ごじょう》の滝《たき》などがあり、施設《しせつ》によっては論語《ろんご》を学べる講座《こうざ》などもあり、観光名所《かんこうめいしょ》としても訪れることができます。

五常《ごじょう》の教えは、人類《じんるい》に共通《きょうつう》する普遍的《ふへんてき》な道徳観《どうとくかん》であり、我《わ》が国の歴史《れきし》を通じて学ばれ、日常生活《にちじょうせいかつ》の中でも尊《とうと》ばれてきました。本書《ほんしょ》が子供たちの道徳観《どうとくかん》を養うきっかけになれば幸いです。

謝辞

末筆ながら本書の編集にご協力いただいた幻冬舎ルネッサンス新社の高市様、イラストを書き起こしていただいたイラスト工房様に感謝申し上げます。また、この本を執筆するきっかけを作っていただいた福岡女学院大学名誉教授であり、また一般財団法人咸生書院の理事長でもある難波征男先生、筆者が論語指導士として、たびたびご指導を受けている大阪大学名誉教授であり、また一般社団法人論語教育普及機構の代表理事でもある加地伸行先生に心より感謝申し上げます。

最後に、五常の教えを広めようと尽力されている一般財団法人五常の滝の関係者のみなさま、私を産み育ててくれた両親と本書執筆中に仕事と生活の両面を支えてくれた妻美智子と息子辰太郎に謝意を表します。

◆参考図書◆

金谷治訳注「論語」岩波書店（岩波文庫）
金谷治著「孔子」講談社（講談社学術文庫）
金谷治訳注「荀子 上」岩波書店（岩波文庫）
金谷治訳注「荀子 下」岩波書店（岩波文庫）
貝塚茂樹著「論語」中央公論新社（中公文庫）
貝塚茂樹著「孟子」講談社（講談社学術文庫）
加地伸行全訳注「論語」講談社（講談社学術文庫）
加地伸行著「儒教とは何か」中央公論新社（中公新書）
宇野哲人著「論語新釈」講談社（講談社学術文庫）
日原利国翻訳「春秋繁露」明徳出版社（中国古典新書）
鄧紅（DENG HONG）著「董仲舒思想の研究」人と文化社
劉向著、中島みどり訳注「列女伝１」平凡社（東洋文庫６８６）

◆作者おすすめ図書◆

安岡定子、田部井文雄著「こども論語塾　心を育てる」ポプラ社
齋藤孝著「こども論語」草思社
野村茂夫著「くり返し読みたい論語」星雲社
藤子・Ｆ・不二雄まんが原作、安岡定子著「ドラえもん　はじめての論語」小学館
藤子・Ｆ・不二雄まんが原作、安岡定子著「ドラえもん　はじめての論語 君子編」小学館
ももなり高（画）、竹川弘太郎（作）「マンガ　論語と孔子Ⅰ」飛鳥新社
ももなり高（画）、竹川弘太郎（作）「マンガ　論語と孔子Ⅱ」飛鳥新社
ｂｅポンキッキーズ著「ｂｅポンキッキーズの論語」産経新聞出版

［著者紹介］
吉原 二郎（よしはら じろう）
論語指導士　明治学院大学法学部非常勤講師
一般財団法人五常の滝評議員
日本自動ドア株式会社代表取締役社長

昭和46年（1971年）、埼玉県日高市に生まれる。現在は東京都在住。聖望学園高等学校卒業後、明治学院大学法学部に入学。卒業後に日本自動ドア株式会社入社。2016年、一般財団法人五常の滝の設立に寄与。会社経営のかたわら、大学で教鞭を執り、論語指導士として一般財団法人五常の滝の運営に携わっている。主な役職として前記の他に、防衛省東部方面総監部援護協力会副会長、内閣府認証NPO法人全国自動ドア産業振興会理事などを歴任。

孔子《こうし》に学《まな》ぶ「五常《ごじょう》の教《おし》え」

2021年 11月 10日　第 1 刷発行

著　者　　吉原二郎
発行人　　久保田貴幸

発行元　　株式会社 幻冬舎メディアコンサルティング
〒 151-0051　東京都渋谷区千駄ヶ谷 4-9-7
電話　03-5411-6440（編集）

発売元　　株式会社 幻冬舎
〒 151-0051　東京都渋谷区千駄ヶ谷 4-9-7
電話　03-5411-6222（営業）

印刷・製本　中央精版印刷株式会社

装　丁　　加藤綾羽

検印廃止

Printed in Japan
ISBN 978-4-344-93572-3 C0037
幻冬舎メディアコンサルティング HP
http://www.gentosha-mc.com/